【文庫クセジュ】

フランスの美術館・博物館

ジャック・サロワ著
波多野宏之/永尾信之訳

白水社

日本語版に寄せて

私のように日本が好きで、その芸術や文学を愛するものにとって、日本の読者に向けて日本語で語りかけられることは、大変光栄であり、大きな幸せでもあります。このことについて、永尾・波多野の両氏には感謝にたえません。

そのうえ、フランスの美術館・博物館を紹介しようとするのですから、いっそう熱がこもってきます。事実、この分野でこれほど交流の意義があった国は少ないのです。日本の美術は、十九世紀末、フランスの美術の発展において主要な役割を演じました。一方、フランス美術は、日本人に最もよく知られた西洋美術の一つとなっています。

とりわけ、両国の博物館にとっては、美術の分野だけでなく、あらゆる領域で、それぞれの経験を突き合わせてみることに意義があります。実際、フランスと日本のように、ここ二〇年の間に博物館のネットワークがこれほど成熟してきた国は数少ないでしょう。わがフランスでも名声がよく知られている偉大な日本の建築家たちに呼びかけて、日本の首都で、あるいはその他の県で、世界中の評価を得るような博物館が建てられました。同様に、フランスも、パリの美術館・博物館のなかでも最も威厳のあるいくつかを一新することだけでは満足していません。二〇年来、時には滞りながらも、フランスは全領土でコレクションを修復し、古い美術館や考古学博物館を改修し、国際的に名の知れた建築家たちを呼んで、多くの人を魅了する新しい美術館や博物館を建築しました。このような状況のなかで、両国の学芸員たちが密接な協力関係を結んでいったのは、驚くに当たらないでしょう。自分たちのコレクションの展示紹介のために作品と一緒に日本に行かなかったフランスの学芸員というのは少ないのです。私自身、フランス文化省で彼らの責任者の立場にあったとき、日本を何回か訪れる機会がありました。もっとも、それ以前、他の役職に就いていたおり、すでに日本訪問を果たしてはおりましたけれども。私は、一九九二年に美術館連絡協議会理事長の招きで日本の多くの博物館を訪れ、会議にも出席しました。

両国の専門家の間で交わされた親密な対話は、多少バランスを欠いてはいるものの、観客のうちにも相呼応するものをもっています。

多くのフランス人が日本文化に熱中し、訪日すると、寺院に魅了されるとともに、美術館・博物館を見出します。ヨーロッパに来て、フランスの美術館・博物館を見出す日本人はさらに多いのです。このようにして、ルーヴルを訪れる日本人は毎年二〇万人を越えています。しかし、それらの人の多くは、フランス人さえたまにしか行かないような、パリのギュスターヴ・モロー美術館からニースのマルク・シャガール美術館などにいたるまでの、いろいろな美術館に関心を抱き、この二つの美術館についていえば、日本人は全来館者の六パーセント強にあたります。

こうしたわけで、専門家、識者、学生、あるいは愛好家の皆様に、フランスの美術館・博物館の大集団を紹介できることはとても幸せであります。このような特別な役目をわきまえて、この大集団をそれらの人びとに正しく理解していただくための基本的な二つの点を強調しておきましょう。

まず、この二〇年来の変化は、まだ止んでいないことを言っておかなければなりません。このクセジュの第二版以降においても、フランスの美術館・博物館の状況は進展しつづけています。多くのものが新しくつくられたり、改修されたりして、開館しました。また、計画中のものもあります。なかでも、二〇〇二年一月四日、議会はきわめて重要な法案を採決しました。それは一〇年前、私が最初の計画を準備したもので、フランスの美術館・博物館とそのコレクションに、首尾一貫した保護のための組織的枠組みを与えようというものです。

このように景観は変わっても、美術館・博物館の問題は絶えず存在し、不変なものなのです。ひとたび美術館・博物館が建てられ改修されれば、それらの永続性を保証し、コレクションを守り、修復し、豊かにしなければなりません。また、観客を受け入れ、引きとどめ、創設や改修のときのようには恵まれない時期にあっても、そのつど人びとを魅了しなければならないのです。したがって、経験を交換し合うことは、隆盛のさなかにあるときよりももっと、有用かつ必要になってくるのではないでしょうか。こうした見地から、この翻訳が両国の美術館・博物館の専門家と利用者の間で、それぞれの発展の絶頂期に交わされる対話を深めるのに貢献することを切に期待しています。

二〇〇三年七月二日

ジャック・サロワ

目次

はじめに 9
序 11
第一章　フランス博物館の行政組織 18
I　フランス博物館局直轄、もしくは行政管轄下の博物館
II　国に属する他の博物館
III　地方公共団体に属する博物館
IV　私立博物館
第二章　コレクションと博物館の種類 90
I　美術館
II　考古学博物館
III　歴史・民族学博物館
IV　科学技術博物館

第三章　生きている博物館 —— 109
Ⅰ　コレクション
Ⅱ　博物館の観衆
Ⅲ　博物館の職能と仕事
Ⅳ　博物館の建築と設備
結び　フランス博物館の将来 —— 147
Ⅰ　フランスの個別博物館のための学術的・文化的計画
Ⅱ　フランス博物館の学術的組織
Ⅲ　全国的に一貫したフランス博物館の整備
Ⅳ　博物館管理運営方式の近代化
訳者あとがき —— 163
参考文献 —— xx
索引 —— i

はじめに

美術館・博物館の世界は、しばしば外部のものにとっては理解しにくい。そのうえ、近くにいる関係者にとってさえも、時として理解しにくいことがある。その社会的地位たるや複雑で、格づけが微妙で、習慣的決まりごとが多くあるからである。

逆に、その責任者や側近のものの多くは、こうした古くからの状況にあまりにも慣れてしまい、博物館そのものの発展や、その制度的、経済的、社会的環境の変化を感じ取って、みずからに調整作業を課すことが困難になりがちである。

フランス博物館局の責任ある立場にあったとき、私が本書の編纂を企てることになったのは、このような二重の困難、つまり制約のある刷新を行なうにあたって明らかに障害があると認識したからである。同じくクセジュのシリーズにおいて、一九五〇年から一九七六年までジョルジュ・ポワソン氏の編纂によって刊行されていたものとは大いにちがっているが、驚かれないであろう。彼によるわが国の博物館ネットワークの紹介は、組織的で明瞭ではあったが、最近一〇年の間に起こった深甚なる変動は考慮に入っていなかったからである。

この小冊子の目的は、私の先輩ジャン・シャトランが一定の期間をおいて改訂しつづけ、いまだに専門家には不可欠の、すぐれた〔博物館に関する〕法概論のような書物にくらべれば、きわめてささやかなものである。

さらにいえば、近年刊行されたすぐれた案内書に対抗するつもりもない。とくに三〇〇〇を超すわが国の博物館のコレクションを紹介しようとしている、ピエール・カバンヌの案内書などに対抗するつもりはない。

とにかく、最大限の客観性をもって、博物館の組織、活動、進化の見通しを描写しようとしており、歴史的、社会学的、芸術的性格を帯びたエッセイの文体にならないように気をつけた。近年、こうしたたぐいのものが増加し、参考文献にもそのすべてを挙げれば切りがないほどだからである。

しかし、客観性は情熱を排除するものではない。私は、博物館そのものに対して抱いている情熱以外には負けないように努力した。

この小さな書物を通じて、読者が、わが国のコレクションをよりよく理解するだけでなく、より多くの機会にそれらを訪ね、それらを愛するようになる事由を見出すことを期待している。

序

わずか二〇年前には、博物館の将来を疑うのはごく当然の成り行きであった。視聴覚と情報学の新技術は、数え切れないほどの情報を蓄積し、現実世界のどんな形においても、それらを再現し、世界中の家庭に配信可能とするので、あっという間にコレクションの価値を低下させる。こうしてコレクションは、この新しい伝播網の供給源となるデータバンクの群のなかに追いやられてしまうであろう。

そうした暗い予想に反して、最近の四半世紀、とくにフランスは、先例のない発展で注目されている。かつてフランスでは、このように多くの博物館が建設されたり、改修されたりしたことはなかった。発議は国から出ていて、しかも、その最高決定機関から出ている。まず、ボブール〔ポンピドゥー・センターのある地区の名称、同センターを指すこともある〕に伝統的な美術の殿堂とは大きくかけ離れた建築物をつくり、そこに近代美術館を設置したジョルジュ・ポンピドゥー、次いでオルセー駅を十九世紀美術館に変える計画を強固にしたヴァレリー・ジスカール・デスタン、そして最後に、ルーヴル宮の一部を美術館にとり戻すとともに、国立自然史博物館と国立技術博物館〔国立技術工芸博物館〕のグランド・ギャラリーの改修にとりかかったフランソワ・ミッテランなどである。

こうした華々しい活動によって引き起こされた討議と論争を通して、一般大衆の心のなかで変わってきたと思われるのが、博物館に対するイメージそのものであった。となると、その動機はどうであれ、規模の大、中、小を問わず、都市の議員たちはその博物館を再発見しようとし、必要ならば創設しようとした。一九八〇年代、九〇年代に、国の財政的援助、博物館業務にかかわる科学技術の支援を受けて、全国的に何百という工事が開始されることになるが、こうした支援こそ、変化が成功するために中心的な役割を果たすものであった。

人びとは、その呼びかけに応じた。観衆が大展覧会に押し寄せ、待つ人びとの長い列は、ルーヴルのピラミッドの前で伸び、オルセー美術館の周りをとりまいた。そればかりか、わが国の都市のあらゆるところで、改修された博物館は住民と観光客を引きつけ、その数は増え続けている。

国の援助によってコレクションは豊富になった。国は、長い間のうちに、初めてコレクションに莫大な額の予算を与え、財政上、税制上の適切な措置をとったのである。博物館が成功すると、そのこと自体により、従前からあった寄贈者の動きも活発になり、同時に、地方自治体も国の例にならった。公立や私立のアトリエの先例のない発展のおかげで、作品は修復された。作品の展示紹介、複製、普及は、同じように目覚ましい発展を遂げている。

このような成功を前にして、多くの人たちが疑問を抱く。これは永続性のある動きなのだろうか、それとも一時的な、しかも、わが国だけに限った風潮なのだろうか。こうした進化を歴史的視野のなかに置き、全世界に観察の目を拡げてみるとおのずと答えはでてくる。

こうした運動は先進諸国では一般的である。ヨーロッパ、北アメリカ、東南アジア諸国のいたるところで、生活、それに平行して文化の水準が向上するに従って、公共団体は文化的制度の発展に気をつかい、その最初の計画として博物館に注目するのである。

こうした運動は、一般的であるばかりではない。それは非常に古いものでもある。きわめて古い時代までさかのぼらないまでも、「中世では、芸術を見せるという点で、教会が昔の異教の神殿の役割を果たしている。しかも世俗的主題が必ずしもそこから追放されていたわけではない。レンヌやサンスにあるような宝庫は、中世に存在した唯一の形式の博物館の例である。十四、十五世紀になって、収集の趣味が見られるようになり、ベリー公爵は真の美術愛好家の最初の人となった。そして、ついに十六世紀、ヴァロワ家の人びとが最初の王族蒐集家になっている。フランソワ一世は、イタリア人たちをフランスに招いてその作品を買い取り、フォンテーヌブロー宮殿の浴室の間〔現在、この施設は存在しない〕に集めた。マリー・ド・メディシスは、ルーベンスにリュクサンブール宮殿のギャラリーのために絵を描かせている。リシュリュー、ついでマザランは、コレクションを集め直し、そのうちいくつかの作品が王に渡されることになる。とくにコルベールは、ルイ十四世のためにとても賢明な買収政策を推し進め〔ヤーバッハ・コレクション〕、コレクションについての行政組織の下ごしらえをしている。ル・ブランは、王の素描・絵画室の管理官に任命されている。その後、これらの素描や絵画は、ルーヴルとヴェルサイユに分けられた[1]」。

(1) ジョルジュ・ポワソン『フランスの美術館・博物館』PUF社、クシシトフ・ポミアン『十六世紀から十八世紀までのパリ・ヴェネツィアの蒐集家、愛好家、好事家』ガリマール社、一九八七年刊〔吉田城、吉田典子訳『コレクション——趣味と好奇心の歴史人類学』平凡社、一九九二年刊〕も参照。

王室や王族のコレクションを一般の人びとに門戸開放しようとする考えは、フランスでそれが進展するずっと以前から、ヨーロッパの多くの国で見られていた。

イギリスでは、議会がスローン・コレクションの買い取りを決議し、一七五九年に大英博物館の基礎を築いた。神聖ローマ帝国では、博物館はマンハイム（一七五六年）、デュッセルドルフ（一七七〇年）、ドレスデン（一七六〇年）、カッセル（一七六九年）などで数を増し、一方で、皇帝はベルヴェデーレ宮をウィーンに整備させた。イタリアでは、メディチ家のコレクションは一七六七年に市政のための事務所〔ウフィッツィ美術館〕に置かれ、ローマ教皇のコレクションは、一七七一年から一七八四年にかけて整備されたピオ・クレメンティーノ博物館で展示紹介されている。ヘルクラネウム発掘で出土したコレクションは、ナポリに移され、一七八〇年から展示紹介されている。[1]

（1）エドゥワール・ポミエ『博物館の歴史に関する書類』未公刊。

「したがって、博物館のこのような社会的位置づけの向上は、パリを遠く離れた啓蒙ヨーロッパの主要都市で行なわれたのである」[1]。

（1）同右。

フランスにおいては、十八世紀第二の四半期初頭、ラ・フォン・ド・サン＝チエンヌが、王室コレクションの公開についての最初の伝道者となる。「王政府は、一七五〇年、ルーベンスのほか、王室コレクションのうち九六点の絵画をもってリュクサンブールのギャラリーを公開し、こうした要求に初めて応えた」[1]。

（1）同右。

しかし、マリニー[1]、ついでアンジヴィリエ[2]の努力にもかかわらず、フランス革命までは決定的なことは何も起こっていない。

（1）王立建造物・庭園・美術品・工場総局長、ポンパドゥール公爵夫人の弟（一七二七～一七八一年）。
（2）ルイ十六世の建造物・庭園局長、科学・絵画・彫刻アカデミー会員、一八一〇年没。

王権力が言い逃れをしている一方で、いくつかのコレクションが地方で公開される。ブザンソンのボワゾ（一六九六年）、ラ・ロシェルのラファイユ（一七七〇年）などの私的な蒐集家たちの運動を引き継いで、都市自体がその歴史を示す物品の収集に気をつかうようになる。

このようにして、トゥールーズでは一六七四年、カピトール（市庁舎）に肖像画ギャラリーを開設、一七二七年以降は歴史ギャラリーとなっている。

フランス革命が勃発した頃、パリはヨーロッパの多くの主要都市よりも、また王国の大都市よりも、時代遅れの観があった。

その最初から、文化財という概念までもが、革命時の議会や委員会のなかで熱い論争の対象となっている。王、王族、教会のコレクションを「傲慢と偏見と独裁の上に建てられた記念碑」としてしか見ようとしない偶像（美術品）破壊の波に抗しながら、[1]「美術品として貴重な記念物を生かして保存」することを、幾人かの勇気ある代表者、とくに代議士のデュソリュクスが要求する。国有財産の毀損と浪費に終止符を打とうとして、共和国最初の内務大臣ロランは、一七九二年十一月三日、行政機関に対して、このような新しい意思を表明する回状を発送している。

（1）国民公会一七九二年八月十四日。

国民公会は、王室、王族、教会のコレクションを、三つの機関に再編成する。すなわち、一七九二年、ルーヴルに創設した中央美術館、国立自然史博物館（一七九三年）、それに国立工芸院（一七九四年）である。ルーヴルが、共和国軍によってヨーロッパ中から徴収された傑作を国有化コレクションに付け加える一方で、諸会議は、地方にいくつもの美術品収蔵所を創設する。執政政府のもとで、共和暦第九年実月十四日（一八〇一年九月二日）の政令は、これについて、正式にリストを作成している。リヨン、ボルドー、ストラスブール、ブリュッセル、マルセイユ、ルアン、ナント、ディジョン、トゥールーズ、ジュネーヴ、カン、リール、マインツ、レンヌ、ナンシー——これらの都市で、ルーヴルとヴェルサイユが、もはや受け入れきれなくなった何百という作品を分かちあうことになる。

王政復古期には、リュクサンブールに、フランス近代美術館の元祖とも言うべき、存命中の芸術家の美術館を創設し、考古学の発展を庇護奨励している〔一八二六年、ルーヴルの古代エジプト美術部〕。ルイ＝フィリップは、すべての先人を糾合して、その政体を正当化することに心をくだき、「フランスの栄光」博物館をヴェルサイユに設置し、同時に、宮殿を保護している。地方のアカデミーの発議によって、主として中世に関する考古学博物館が増加する。みずから考古学に熱中したナポレオン三世は、国の古代遺跡にかかわる〔国立〕古代博物館を創設しているが、同時に、みずからの栄光を考えて、同じように君主博物館を設立し、一方で、オスマンは、カルナヴァレの誕生を支援している〔セーヌ県知事時代の一八六六年、博物館開設のためカルナヴァレ館買収を決定〕。

運動は、新生第三共和政の下で、最も力強く拡大した。しばしば弱体となった国家からは援助がなかったが、地方学会、裕福な蒐集家、やがてはこれらを引き継ぐ形で、市町村など地方公共団体が、国中にあらゆる種類の博物館の緊密なネットワークを出現させることに貢献した。コレクションを受け入れる都会の歴史や使命に組織的な関係もなく、蒐集家や学芸員の情熱にまかせて、ただ経験的に構成されたこれらのコレクションは、全体として、とても豊かなものではあるが、事前の方針を欠く一貫性のないものであった。

十九世紀の博物館のかくも豊かな歴史をたどり直してみると、ほとんど見るべきものがなかった前世紀初頭ではあったが、その後一九三〇年代には、パリだけの話であるが、新たな黎明をとり戻したことを忘れてはならない。そこでは、一九三一年の植民地博覧会と一九三七年の万国博覧会を期に、ポルト・ドレの植民地博物館、シャイヨー宮の人類博物館、イエナ広場の土木事業博物館、国とパリ市の近代美術館を擁すべく建てられたパレ・ド・トーキョーが姿を現すのである。

わが国の歴史の豊かさと一九八〇年代のフランスの文化政策の力強さは、フランスの博物館にとって、その組織や今後の見通しが必ずしも容易に察知できないような、非常に複雑な「景観」をつくり出している。いくらかの単純化と多くの省略をしながら、その大筋をたどることが、このささやかな著作の目的である。

第一章　フランス博物館の行政組織

I　フランス博物館局直轄、もしくは行政管轄下の博物館

こんにち「国立」といわれている美術館・博物館のグループは、最初、ナポレオン・ボナパルトによってヴィヴァン・ドノン〔一七四七～一八二五年、画家、版画家、考古学者、蒐集家、一八〇二年よりルーヴル総館長。一〇二頁も参照〕に託されたルーヴルから生まれた。帝国、王室、国立博物館と変遷しつつ、歴代館長は、場合によって、王室や美術行政にかかわり、本質的に第一級のコレクションの芸術的・考古学的使命に忠実であろうと努めながらその管轄領域を拡大していった。一九四五年の行政命令の言葉に、「美術館の暫定的組織に関し、フランス博物館局長は国立博物館を管理する」とある。その博物館局長はこうして、わが国博物館の最も大きな、また、おそらく世界中で最も重要な集団を統括している。

1　全体としてきわめて不均一な施設規模

同じ博物館のグループに属してはいるが、一五〇〇人の館職員、年間五〇〇万人の来訪者を数える巨大なルーヴルと、毎年何千人かの愛好家を受け入れるにすぎないパリ、シェルシュ・ミディ通りのエベール美術館[(1)]との間では、共通点はごくわずかである。

（1）一八一七〜一九〇八年、画家〔訳注〕。

2　全国的にきわめて不均等な施設配置

首都には最も重要な博物館が集まっている。ルーヴル、オルセー、オランジュリーだけで、「国立美術館・博物館」の来観者全体の半数以上に匹敵する。

「国立美術館・博物館」の地理的分布(1)

パリ

一区　ルーヴル美術館
　　　オランジュリー美術館
三区　ピカソ美術館
五区　国立中世美術館（クリュニー共同浴場）
六区　国立ウジェーヌ・ドラクロワ美術館
　　　エベール美術館
七区　オルセー美術館
九区　ギュスターヴ・モロー美術館
一二区　アフリカ・オセアニア芸術博物館
一六区　民衆芸術・伝統博物館
　　　国立アジア美術館（ギメ美術館）

（1）原書では、エクアン、ポー等地名のみを掲出しているものもあるが、理解を容易にするため、名称（必要に応じて地名）の形に統一した〔訳注〕。

七七[2]セーヌ＝エ＝マルヌ県
七八イヴリーヌ県
九二オー＝ド＝セーヌ県
九五ヴァル＝ドワーズ県

（2）県番号〔訳注〕。

地域圏[3]
ピカルディー
アキテーヌ

フォンテーヌブロー博物館
ヴェルサイユとトリアノン
ポール＝ロワイヤル領穀倉博物館
国立古代博物館（サン＝ジェルマン＝アン＝レー）
国立セラミック美術館（セーヴル）
国立マルメゾン城博物館とボワ＝プレオ城
ロダン美術館（ヴィラ・デ・ブリヤン）
国立ルネサンス博物館（エクアン）

コンピエーニュ城と国立車輌・観光博物館
国立フランス＝アメリカ協力博物館（ブレランクール）
民衆芸術・伝統博物館収蔵庫（サン＝リキエ）

ポー城
レ・ゼジー国立先史博物館

ブルゴーニュ　マニャン美術館（ディジョン）
プロヴァンス＝アルプ＝コート・ダジュール　マルク・シャガール聖書の啓示美術館（ニース）
ポワトゥー＝シャラント　フェルナン・レジェ美術館（ビオ）
イル・デクス国立ナポレオン博物館
イル・デクス・アフリカ博物館
リムーザン　アドリアン・デュブーシェ・セラミック美術館（リモージュ）
コルシカ　ボナパルト家博物館（アジャクシオ）
民衆芸術・伝統博物館別館（レ・ミレリ）

（3）複数の県をまとめて全国を二二に分けた行政区分。パリを含むイル＝ド＝フランスも地域圏の一つとみなされる〔訳注〕。

3　多様かつ根本的変革途上の管理運営方式

単なる行政機関と同一視され、博物館は長い間、帝国、王室、国立博物館局によってきわめて中央集権的に管理されてきた。

管理運営方式は事務分散に向けて進化しているが、最近ではいくつかの博物館がより自律的な手段を付与された「責任センター」に組織替えされ（オルセー、フォンテーヌブロー、ギメ、クリュニー、サン＝ジェルマン、ピカソ）、またルーヴルが「行政的性質の公施設法人」となったことでより強化された。

4　国立博物館連合に集中管理された商業活動

最終的にレモン・ポワンカレ〔一八六〇～一九三四年、政治家、第一次大戦下に大統領〕とジョルジュ・レイグ〔一八五七〜一九三三年、政治家〕が連携して推進し投票が行なわれた、一八九五年四月十六日の財政法によって国立博物館連合が創設されるまでに、二五年間の熱い論争が必要だった。

当時の四つの美術館・博物館（ルーヴル、ヴェルサイユ、サン＝ジェルマン、およびリュクサンブール）がコレクションを充実するために国が割り当てる予算額の乏しさ、公会計の強制（とくに予算の年次制）、つまるところ、あらゆる国家直営に関する寄贈者の不信、こうしたあらゆることがフランス公法で最初の大きな機関の一つを創り出すことに繋がっていた。

こうして法人格と財政自主権を付与されたのであるが、国立博物館連合はとりわけ固有の財源に、しかも一挙に恵まれることになった。議院が一九二一年まで拒絶していて入館料はなかったが、王室ダイヤモンドの売却、最終的には「老齢年金」資金の一部を得て、元金と定期的金利を確保するのである。

一九九一年以降、国立博物館連合は「商工業的公施設法人」に変わり、以後、フランス博物館局の行政管轄下に置かれた三四[1]の博物館において、国のために、作品収集、展覧会、観覧者の受け入れ、出版・頒布という四つの大きな補完的使命を引き受けている。連合は本部の各課とそれぞれの国立博物館に、合わせて一四五〇人に近い職員を配置している。機関の政策は、フランス博物館局長を理事長とする二八人からなる理事会で決定される。「理事長の提案に基づき大臣によって」指名された事務長が、その管理運営を行なっている。

（1）二〇〇三年現在、三三館。フランス記念建造物博物館は文化財局の管轄下に入った。四一頁を参照〔訳注〕。

国立博物館と一概に言ってもそれぞれに性格や規模が異なっており、努力して分類しようとしてもなかなか難しい。そこで読者が容易にその境界を見出せるようなものに限り、何らかの再編を行なって紹介してみたい。

1 ルーヴル

そのグループ全体が、歴史的に発展し、それだけで一つの範疇を構成している。一七九三年、グランド・ギャラリーに誕生した美術館は徐々に、帝国と王国の支配者の宮殿のなかで拡大した。一九二〇年代まで国庫の諸部課に占拠されていたフロール翼を手に入れるためには、長い間、闘わなければならなかった。しかし、チュイルリー宮を失う一方、ナポレオン三世の下で拡張した古い宮殿が全体として美術品に当てられるまでには、二世紀が最終的に必要だった。実際、フランソワ・ミッテランが「グラン・ルーヴル」を整備するなかで、一世紀前に内務省を入れるために建設し、当時は手強い大蔵省が入っていたリシュリュー翼を美術館に当て、大蔵省にはベルシーに特別に建設した施設に移転させることを決めたのは、一九八一年のことである。

新しい展示場を手に入れると次には、巨大な美術館に不足していた空調等技術的施設・設備および美術館の大きさにふさわしい受付と通路のための面積を確保することが、何よりも問題であった。すでにジョルジュ・サル(1)によって少し前まで検討されていた、中央入り口周りに受付と通路を整備するという案がすぐさま採択された。これは十九世紀に大まかな探索が行なわれていたクール・ナポレオンの地下部分、次いでクール・カレの地下部分の全体を発掘調査して整備し、こうして再発見されたフィリップ＝オーギュストの城の土塁を価値あらしめることにつながった。一九八九年、ピラミッドが整備され、この大改革の幕開けが告げられる。クール・カレをとりまくフランス絵画室は一九九二年に開室し、コレクションの新しい紹介方法を示した。しかし、より大きな変化、それは疑いもなくリシュリュー翼に北方画派絵画、フランス彫刻、工芸、そしてオリエント古美術に当てるべく一〇余の室を二万二〇〇〇平方メートルにわたって追加提供し、一九九三年に公開したことである。一九九七年末、エジプト古美術部およびギリシア、エトルリア、ローマ古美術、さらにはイタリア絵画に当てられたグランド・ギャラリーの最後の部分を開いて、この意欲的な企画の「本質的」完成を示すこととなった。

(1) 一九四四年から一九五七年まで博物館局長。

サン＝ジェルマン＝ロクセロワ〔教会〕からチュイルリーの庭園を含んでコンコルド広場にいたるまで、この膨大な領域を管理するために、国は一つの「公施設法人」をつくった。これはこの大工事をみずからの責任のもとに施工することを任務とし、これができあがると消滅することになる。美術館自体は一九九二年、文化省博物館局の行政監督下に置かれる一つの「公施設法人」という位置づけがなされた。

国立ウジェーヌ・ドラクロワ美術館——一九七一年、パリ六区フュルスタンベール広場のアパルトマンに公式に創設された。この画家はサン＝シュルピス教会のサン＝タンジュ礼拝堂の装飾を手がけているが、そのため、一八五七年、近くに居を構えたもので、一八六三年にそこで没している。その作品はフランスや外国の美術館、とくにルーヴルに数多く展示されているが、この美術館でもこんにち、絵画、素描、水彩画を保存している。

マニャン美術館——ディジョンにあり、旧公爵邸と美術館のすぐそばに位置する十七世紀の美しい邸宅を占めている。展示紹介されているのは会計検査院主任評議官モーリス・マニャンと妹ジャンヌによって集められ、一九三七年と一九三九年に、それぞれの死に際して国に遺贈されたもので、古い時代から十九世紀なかばにいたるヨーロッパ美術のたぐいまれなコレクションとなっている。

2 先史時代からルネサンス博物館まで

ドルドーニュ県にあるレ・ゼジーの古城は、一九一三年、その地方全域の発掘に際して、ドニ・ペイロニ〔一八六九〜一九五四年、歴史家〕が集めた先史時代の遺物のコレクションとともに、国の所有するところとなった。建築家ビュッフィの設計に基づいて八〇年代初頭からとりかかった大改修計画は、コレクション自体が大幅に増え、博物館の学術的活動計画もより明確になってきた一九九二年、ようやく軌道に乗った。レ・ゼジー国立先史博物館は、ヨーロッパにおける最も豊かな遺跡の一つの中心にあって、国内先史博物館ネットワークのレファレンス・センターとなっている。

サン＝ジェルマン城の状態を恥ずかしく思ったナポレオン三世が、それを改修することを決定したのは、十七世紀末に滞在したスチュアート王家の人びとの足跡をたどるために一八五五年、ヴィクトリア女王がそこを訪問したことに起因する。一八六二年三月八日の政令は、そこに「ケルトとガロ＝ロマン古美術」の博物館を設置することを決め、周知のように、彼はそのことに熱中していた。最初の蔵品はルーヴルから貸し与えられた寄託品で、石と青銅の製品および壺類で構成されていた。皇帝は、自分が個人的に興味をもっていた発掘品、とくにアレジア〔ガロワの要塞集落〕から出たもの、さらには、デンマーク王フレデリック七世からの重要な寄贈品を付け加えた。国立古代博物館の展示方法は一九六〇年代にアンドレ・マルローの発議で刷新され、よりすっきりしたものとなった。

一九九二年に国立中世美術館と命名され、すでに一九〇七年には国立博物館連合の一員となっていた「共同浴場とクリュニーの館の美術館」は、長い歴史の産物である。すなわち、一八四三年に一つの法律ができてその創設を認め、アレクサンドル・デュ・ソムラール〔一七七九〜一八四一年、考古学者〕によってクリュニーの自分の館に集められた中世・ルネサンスの工芸品コレクションと、一八三六年にアレクサンドル・ルノワール〔一七八六〜一八三九年、考古学者〕の息子の発議により、パリ市によってローマ時代の共同浴場に設置された宝石貯蔵庫を一つにまとめることとしたのである。現在では、威厳はあるが制約の大きい場所にあって、美術館は、彫刻、絵画、タピスリー、装飾美術の非凡なコレクションを展示紹介すべく努力し、中世美術に関する限り最も完全なパノラマの一つを提供している。

一九七五年、共和国大統領ヴァレリー・ジスカール・デスタンは、かつてレジョン・ドヌール受勲者の娘や孫娘の学ぶ学舎のあったエクアン城のなかに、主としてクリュニー美術館のコレクションから出た作品で構成される**国立ルネサンス博物館**の設置を決めた。城の改修事業、とりわけすばらしい装飾暖炉の改修などは、(とくに《ダビデとバテシバ》を含む)タピスリー、セラミック、エマイユ、家具、宝石の豪華な作品群の展示とはまったく別に続けられている。

3　城郭博物館

ヴェルサイユ――一八三七年、ルイ＝フィリップは、国の叙事詩が絵画や彫刻を通して称揚され、「フランスのすべての栄光」に捧げる歴史博物館をヴェルサイユに造りあげたが、このとき、ヴェルサイユは博物館のグループのなかに入ることとなった。

当時行なわれた模様替えは、こんにちまでその姿をとどめ、戴冠式の部屋、戦闘のギャラリー、十字軍の部屋、一七九二年の部屋、南翼一階の皇帝の大広間、アルジェリア征服をたどるアフリカ諸室に見ることができる。半世紀来、国の努力は二つの方向で進展してきた。第一の方向は、宮殿とその装飾の修復に向けられ、同時に、文化財局の責任下で領地(国有地)とその植栽の修復に向けられる。第二の方向は、博物館の学芸員を動員して、フランス革命で散逸した王室家具を再構築すること、そして、その家具を最も関係のある部屋に最も合理的に配置することである。一九四五年にピエール・ヴェルレ〔一九〇八〜一九八七年、美術史家〕が定めた原則（『王室家具』一九四五年）に沿って一九五二年に開始され、一九六一年に強化された運動の一環として、ヴェルサイユに由来し国の行政機関で保存しているすべての家具を元に戻すよう定めた政令により、宮殿の家具再配置が体系的に行なわれている。

宮殿そのものの他に、ヴェルサイユ所領には、トリアノン宮殿、幌付き四輪馬車博物館、それに旧球戯場の部屋も同時に含まれている。文化財局と博物館局との二重の行政管轄下に置かれた単一の「公施設法人」において、領地全体とその付属施設および博物館とそのコレクションを統合したことは、一貫した管理運営を実施していくなかで大きな進歩を画すものとなった。

ヴェルサイユから少し離れたところ、サン＝カンタン＝アン＝イヴリーヌの新都市のはずれに一九五二年、国によって買収された**ポール＝ロワイヤル領**〔国立ポール＝ロワイヤル領穀倉博物館〕は、ジャンセニスム運動とポール＝ロワイヤル修道院の修道会士たちを思い起こさせる。

フォンテーヌブロー博物館は、その主となった王、皇帝、大統領の居住を通じて、作り上げられたものである。それはまず何よりも建築物、室内装飾および家具調度類の博物館であり、それらの展示紹介は年代記的連続性と作品群の一貫性との間の難しい妥協の結果を示すもので、それだけに明らかに手直しが数多く行なわれている。

コンピエーニュ城の起源は、メロヴィング朝の時代、その君主制の起源と一体となっている。すべての王朝がそこで引き継がれている。しかし、現在の城は、一七五一年、ジャック＝アンジュ・ガブリエル〔一六九八〜一七八二年、建築家〕が着想した計画にまで遡る。彼のコレクションが第二帝政博物館となっている。皇帝と廷臣たちは、秋には〔連日、狩猟シーズンの招待客歓迎の夜会のため〕そこに集合していたので、博物館は当時の記録を呼び起こすものとなっている。
国立車輌・観光博物館は、城館とその博物館とは歴史的つながりをほとんど持たないが、一博物館として一九二七年に整備された。
ポー城は、十二世紀のベアルン子爵の城塞にまで遡る。十四世紀に拡張され、一五二五年に補修されたこの城は、革命では破壊され、十九世紀には行きすぎた修復がほどこされた。そのコレクションは、次の三つの柱を中心に組織されている。タピスリーのコレクションは、フランスで見ることができる最も美しいものの一つである。十九世紀にはアンリ王伝説博物館が整備されたが、これは版画と文書を通して、偉大なベアルン王を偲ぼうとするものである。さらに博物館は、とりわけ王室とそれに続く十九世紀皇帝の宮殿の「トルバドゥール」様式の装飾をよく保っている。

4　十九世紀美術館

オルセー美術館——一八四八年から一九一四年までの芸術に当てるべき美術館を、一八九八年から一九〇〇年にかけてヴィクトール・ラルー〔一八五〇〜一九三七年、建築家〕によって建てられたオルセー駅に設置するという決定は、一九七七年に採択され、一九八二年から一九八六年にかけて実行に移された。
美術館は延べ床面積一万六〇〇〇平方メートルにわたって、絵画・彫刻・パステル画・素描・装飾美術および写真を展示している。広い講堂、受付、洗面・休憩所、レストランなどのスペースには六〇〇〇平方メートル近くを当て、当初は相当に広く見えたが、使っているうちにかなり狭いことが判ってきている。建築上の全体構想や、〔クールベの《オルナンの埋葬》のような〕こんにちよく知られている傑作と、〔トマ・クチュールの《頽廃期のローマ人》のような〕制作当時ほどは知られていない傑作を対比する展示方法に対して、しばしば異議が唱えられはしたが、美術館は開館以来、外国人同様フランス人の来訪者についても大成功を収め、フランス人の割合はルーヴルよりも明らかに高くなっている。

エベール美術館――一九七九年に国立博物館のリストに登載されたが、これに先立つ一九七七年、シェルシュ・ミディ通りの建物が、一九七八年には画家エベールの作品コレクションが寄贈されて、こんにち美術館の所蔵するところとなっている。一八三九年、ローマ大賞受賞と同時に弁護士試験にも合格し、後にヴィラ・メディチ館長となったエベールは、アカデミックで社交界の流儀を身につけた画家の原型である。

ジャン＝ジャック・エンネル美術館[1]――パリ一七区ヴィリエ大通り四三番地にある、画家デュビュフ〔一八五三～一九〇九年〕の旧アトリエに置かれた。エンネルの相続人がその作品を集め、これを国に寄贈する目的で一九二三年に取得したものである。画家エンネルが、大いに名声を得ることになった赤毛の美人の肖像画を見に訪れる人は、こんにちではまれである。

（1）一八二九～一九〇五年、画家〔訳注〕。

ギュスターヴ・モロー美術館――この芸術家の願望に基づいて自身が創設し、一九〇三年、彼が住んでいたラ・ロシュフーコー通り、新アテネ地区の私邸に開館した。ルオーがその最初の学芸員であったが、何千というカンバス、習作、素描、彫刻は、二十世紀の多くの画家はもちろんのこと、小説家や詩人にまで影響を及ぼした。画家のアパルトマンは慎重に改装されており、美術館は私的な住まいの魅力を保っている。

ロダン美術館――一九一九年、パリ七区ヴァレンヌ通り、巨匠が晩年を過ごしたビロン館に開館し、この日以降、反駁の余地のない成果を上げている。美術館は当初よりフランス博物館局の管轄下に置かれた独立した「公施設法人」として組織され、その自主性は、美術館が権利を保持している芸術家ロダンのブロンズ像の版権料によって保証されており、これは今後なお何年か存続していく。

オランジュリー美術館――パリ、チュイルリー。一九二七年、《睡蓮》が二つの大きな部屋に設置されたの機に、国立博物館連合に組み込まれた。これらの作品は、一九一八年十一月十一日、モネがクレマンソーの共和国に献呈していたものである。オランジュリー美術館は、一九四七年にルーヴルから出された印象派の画家たちの作品が置かれたジュ・ド・ポーム美術館に付属していたが、一九七七年、ヴァルテル〔一八八三〜一九五七年、蒐集家、実業家〕とギヨーム〔一八九一〜一九三四年、美術商〕両人の重要なコレクション（ルノワール、セザンヌ、ドラン、マティス、モディリアニ、ルソー、ピカソ、スーティン）の収蔵を機に独立機関となった。美術館の来館者は増え続けており、とりわけ決定的な欠点ともいえる受付設備の増設をはじめとする新たな改修が必要となろう(1)。

（1）二〇〇三年現在、閉館中。二〇〇六年に再開予定〔訳注〕。

5　二十世紀美術館

重要かつ多様な寄贈があいつぎ、国は、二十世紀の主要な画家のコレクションを次々と受け入れ、同時に国立近代美術館を刷新した。しかし、この近代美術館が国立ジョルジュ・ポンピドゥー芸術文化センターに統合されるとの規定を受け入れた一方で、次のような専門テーマをもつ美術館は、従来どおり博物館局が直接管理運営することになった。

国立マルク・シャガール聖書の啓示美術館――画家と夫人によって一九六六年と一九七二年に国になされた寄贈に起因する。聖書からのインスピレーションによる作品のコレクションは、一九七三年、ニースの高台に建築家エルマンによって建てられた立派な美術館において展示紹介されている。

フェルナン・レジェ[1]美術館――ビオ〔アルプ＝マリティーム県〕にフェルナン・レジェの夫人によって建てられ、長い間共同相続人によって管理されていたが、その後、フランス博物館局によって管理運営されている。

（1）一八八一〜一九五五年、画家〔訳注〕。

ヴァロリス礼拝堂拝廊――一九五二年から一九五四年にかけてピカソの手で「平和の聖堂」に変貌した。ピカソは、そこに「戦争」と「平和」という二つの大きな構図を描いたのである。

ピカソ美術館のコレクションが展示紹介されているのは、パリのサレ館である。一九七五年、国が市から借り受け、建築家ロラン・シムネはこれを情感豊かに改修した。一九七九年と一九九〇年の二回にわたる途方もなく高額の「代物弁済」〔相続税の代わりに作品を国に納めること〕が行なわれた結果、コレクションには何百点もの絵画と彫刻、何千点もの素描と版画、それに、この芸術家が書き残したすべての文書類が含まれている。美術館はその創設期以来、大きな成果をあげ、しばしば収容人員を超える入場者を記録している。

6　フランス内外芸術・文明博物館

民衆芸術・伝統博物館――ポール・リヴェ〔一八七六〜一九五八年、人類学、民族学者〕は、すでに一九二九年からトロカデロの民族誌学博物館の刷新をジョルジュ・アンリ・リヴィエール〔一八九七〜一九八五年、民族学者〕に委ねていた。ポール・リヴェは、フランスのコレクションを彼に託して、みずからは戦前から、多くの点で革新的な新しいタイプの博物館計画をつくり上げることに貢献している。

まず、彼は、コレクションの展示紹介と保存についての学芸員の仕事と、博物館にも関係している国立科学研究センターの専門研究室の民族学研究者の仕事を連携させることとした。また、この連携は、一つのミュゼオグラフィー〔博物館管理技術〕の形成を促し、そこでは工芸や伝統をただ例示して説明するだけでなく、生活様式、経済・社会関係、技術の進化、伝説、信仰などを科学的・教育的方法によって理解させることに意を用いている。結局、建物は、第四共和政の時代には建築家デュビュイッソン〔一九一四年〜〕の構想だけであったが〔一九六九年、竣工〕施設が二重の使命を持つことをよく示すように、二つの部門を明確に識別している。すなわち、自然光も中央の支柱もない広大なホールを、展示室と収蔵庫に当て、完全にガラスで覆われた高層のタワーに、博物館管理部と研究室を集中している。

リヴィエールが退任した後、博物館の発展は彼の期待どおりには運ばなかった。研究者と学芸員との話し合いは、調整することが難しかった。技術的には完璧なまでに柔軟性のある空間が用意できていたにもかかわらず、コレクションの展示紹介は急速に不活性化してしまった。地方では、いわゆる「社会」博物館が次々に生まれており、それも多かれ少なかれ厳格かつ科学的な、集団的で熱意にあふれたイニシアティヴから生まれていたにもかかわらず、この国立の博物館はこれらを受け入れ、その発展を一貫して改善することができるようなレファレンス・センターとはなりえなかった。このようなわけで、毎年何十万人もの入場者のある動物園のすぐ脇にありながら、博物館自体は何万人かの入館者だけしか記録していないし、それも基本的には学校関係の団体である。少し前から、新しいスタッフが博物館に新たな息吹を吹き込もうとしていることも事実である。

国立アジア美術館――リヨンの企業家で、好奇心にあふれ、いっぷう変わった篤志家エミール・ギメ〔一八三六〜一九一八年、実業家、東洋学者〕は、アジア全土に赴いて、そこから重要なコレクションを持ち帰った。一八七九年には、リヨンに宗教史のための最初の美術館を置きこれを納めた。一八八八年、資料の主要な部分を、パリのイエナ広場に自費で建てた美術館に移した。当時としてはまれなことに図書室や会議室を備えており、エミール・ギメは、そこを東洋文明についての真の研究センターにすることを望んだのである。その全体が国に遺贈されたのは一九二八年で、これは、ルーヴルにアジア美術部が組織される二年前のことであった。そのアジア美術部は、ジョルジュ・サルに託されていたが、一九四五年に彼がフランス博物館局長に任命されるとすぐに、同部はイエナ広場の建物に移ることになる。一九六八年から一九八三年にかけて、上品さには欠けるもののすっかり改修され、コレクションも大幅に増加して、世界の一級の部類に数えられるようになった。場所が狭いにもかかわらず、ごく質の良い展覧会が定期的に催され、ますます多くの人を引き寄せている。野心的な改修は現在も進行しており、さらに輝きを増すことであろう(1)。一九九〇年には、美術館付属の仏教パンテオン・ギャラリーが美術館のすぐ近く、イエナ大通りに開館している。

(1) 二〇〇一年一月、再開〔訳注〕。

デヌリー美術館(1)――一九〇三年、国に遺贈され、フォッシュ大通りにある、戯曲『二人の孤児』の作者の第二帝政様式の館に、かなりの量の工芸品と日本の職人芸の数々を集めている。元のままにしておく展示方法は、エミール・ギメほど厳格でも、気むずかしくもない、裕福な蒐集家の趣向をよく表わしている。

(1) 一八二一～九九年、劇作家〔訳注〕。

アフリカ・オセアニア芸術博物館――一九三一年の植民地博覧会のために、ラプラード〔一八八三～一九七八年、都市学者〕によってドメニル大通りに建てられた広大な建物のなかにあり、一九三五年、海外フランス博物館となった。博物館はフランス文学・美術における異国趣味、十字軍以来のフランス拡張政策の歴史、土着の芸術、フランスの人道主義的役割（経済社会部門）、熱帯水族館の五部門を通して、植民地フランスの啓蒙的使命を高めた。しかし、旧植民地が独立を達成しようとするとき、このようなメッセージは時代精神と合致するはずもなかった。アンドレ・マルローは結論を出して、新「アフリカ・オセアニア芸術博物館」と命名、植民地であった国々の芸術と文明を知り、ヨーロッパ近代芸術におけるその役割を認識できるように、コレクションの再配分にとりかかった。アフリカ・オセアニアの工芸品や民族学資料の最も豊富なコレクションを保存している人類博物館の充分な協力が得られないまま、この野心的な計画は部分的にしか進んでいない。最近始まった巨大プロジェクト「人類芸術文明博物館」に組み込まれることになってはいるが、その場所やそこに置かれるコレクションの未来は、まだはっきりと見えてきていない。[1]

（1）一九九八年、エッフェル塔近くの設置予定地区名を冠した「公施設法人ケー・ブランリー博物館」が創設された。これは仮称であるが、二〇〇六年の開館を目指している〔訳注〕。

7 歴史博物館

歴史とナポレオン伝説の博物館――王室コレクションが豊富であったにもかかわらず、わが国は、これまで、ルイ＝フィリップにより「フランスのすべての栄光」に捧げられたヴェルサイユの歴史ギャラリーがある以外には、真のフランス歴史博物館をもつことができなかった。しかし、ボナパルト家の歴史を蘇らせ、いつまでも語り継がれるように、共和国はおびただしい数の博物館を維持している。ナポレオンの遺品が多くあるフォンテーヌブローとコンピエーニュの博物館や、共和国の二〇〇年近くに及ぶ勲章の伝統よりも創設者の精神の方がしばしばより顕著に残るレジョン・ドヌール博物館のほかにも、国

はナポレオン崇拝のためだけにいくつかの博物館を当てている。もちろん他にも無数の協会や市立の博物館があり、同じ主題を学術的というよりむしろ護教的に扱っていることが多い。

国立マルメゾン城博物館――ナポレオン・ボナパルトとジョゼフィーヌの遺品を通して、執政政府から帝政にいたる時代の雰囲気と様式を保存している。公園にあるオシリス館では、リュシアン・ボナパルトの孫ジョルジュ・ド・グレースによって十九世紀に遺贈された、皇帝の祭祀用具のたぐいまれなコレクションを展示紹介している。

ボワ＝プレオ城――ジョゼフィーヌ時代のマルメゾンの所領のなかでは付属的な建物でしかなかったが、十九世紀なかばに再建され、一九二六年、アメリカの一富豪によってフランスに贈られた。一九五八年以降は、もっぱらナポレオンとその家族の遺品に当てられている。

国立ボナパルト家博物館――アジャクシオ〔コルシカ島にあるコルス＝デュ＝シュド県の県庁所在地〕の家族の住まいにあり、一九二四年、国に遺贈。後の皇帝を生んだ生活環境を保存している。

イル・デクス国立ナポレオン博物館――一八〇八年、皇帝の命で建てられた要塞の司令官舎にあり、ナポレオンはイギリス軍に屈する前の一八一五年七月、ここに二日間滞在している。

国立戦勝記念博物館とラトル・ド・タシニー元帥の生家――ともにムイユロン＝アン＝パレ（ヴァンデ県）の小さな村にあり、そこでは、一八四一年にジョルジュ・クレマンソー、一八八九年にジャン・ド・ラトル・ド・タシニーが生まれている。博物館は、一九一八年の第一回休戦条約と一九四五年の第二回休戦条約を調印した二人の人物を彷彿とさせる。

国立フランス＝アメリカ協力博物館――一九三〇年、首相時代のアンドレ・タルデューの手によってブレランクール（エーヌ県）の城館に開館した。

一九一七年、荒廃した戦災地の住民援助協会の拠点を置いたアン・モーガン〔一八七三～一九五二年、社会事業家〕の住まいに、戦争とアメリカの仲介を追想するコレクションを受け入れ、こうして共和国は、フランス＝アメリカの友好に厳粛な敬意を表わした。歴史的コレクションは、以来、とくに一九八九年に建築家イヴ・リオンによってなされた拡張を機会に、フランスと関係のあるアメリカ美術にまで拡げられている。この博物館は、交通の便はよくないが、第一次世界大戦以降のフランス＝アメリカ間の協力と、その時代の芸術交流とをともに想起しながら、首尾一貫した文化計画の表現をいまだに追求している。

8 装飾美術館

国立セラミック美術館――一八一二年、国立セーヴル製陶所所長ブロンニャール〔一七七〇～一八四七年〕によって設立された。「セラミックとガラス」の美術館は、彼にとってショーケースと研究ギャラリーの役目を果たすもので、人類によってつくられたあらゆる種類のセラミックを集めることを目指した。一八七六年に華麗な様式の大展示施設内に置かれ、一九三四年には自治権のある国立博物館に昇格した。そのコレクションは、ブロンニャールが全国の知事に要望して集めた最初の収集品以来定期的に集められ、創設者にとって大切な百科全書的な見方で、セラミックについての時代、国、様式、芸術、技法のすべてをカバーしている。

同じ文化省にあって別々の行政部局に属する美術館と製陶所という二つの機関ではあるが、創設期にそれらを結びつけていた緊密な関係を改めて保持していくことが切望されている。

アドリアン・デュブーシェ・リモージュ・セラミック美術館――リモージュの裕福な企業家アドリアン・

デュブーシェ〔一八一八～八一年〕が、一八六七年に装飾美術学校とセラミックと火の芸術のための美術館を創設。目下進行中の改装では、美術館創設時に設置された美しい展示ケースを保存しつつ、セーヴルに次いで最も重要なコレクションをより快適に、よりいきいきと展示紹介できるようにするはずである。若干のスペースは製造技術の展示にも当てられる。望ましいのは、この計画が、アドリアン・デュブーシェ美術館から出たエマイユ・コレクションを保存している市立博物館の計画と関連し、より明確に位置づけられることである。美術館に併設されていた装飾美術学校の分離は、総合的な熟慮の機会となり、その有効利用が期待されている。

9　フランス記念建造物博物館

カルリュ〔一八九〇～一九七六年、建築家〕によって改装されたシャイヨー宮に一九三七年、設置された。すでに一七九〇年、アレクサンドル・ルノワール〔一七八六～一八三九年、考古学者〕によってプティ・ゾーギュスタン修道院に設立された最初のフランス記念建造物博物館の後継である。長い間不活発な状態にあったが、博物館は一九九一年に刷新に着手した。カルリュの広いロビーは改修され、歴史的建造物と建築分野の専門書店が、そこに置かれた。博物館の学術教育活動は、記念建造物研究センターおよびエコール・ド・シャイヨーとの緊密な連携のもとに進められている。後者は歴史建造物建築主任を養成するもので、ともに同じ建物のなかに設置されている。展覧会は、意欲ある学芸員の提案によってその回数を増している。同様に、文化財局もこうした学芸員を監督し続けるという点で関心を寄せている。しかし、最近の火災で、建物はもちろん、コレクションも部分的に甚大な被害をこうむった。[1]

（1）二〇〇三年現在、工事のため閉館中。所管も文化財局に移った。四一頁を参照〔訳注〕。

Ⅱ　国に属する他の博物館

国に所属する博物館の過半数が、フランス博物館局の行政管轄外にある。さらに認識しておくべきことは、国が地方公共団体に所属する博物館に対しては学術的統制を課すとともに、文化的支援を保障しようとしている一方で、責任を持つそれぞれの大臣側の方策や意志の欠如によって、国が所有する博物館の多くは、首尾一貫して明白な学術的文化的な政策を実施しようともしないということである。

1　文化省の傘下の博物館

文化省の傘下にあってさえ、いくつかの、しかも規模の大きい博物館が、フランス博物館局の管理運営するところとはなっていない。

最も明らかなのが、ジョルジュ・ポンピドゥー・センター国立近代美術館の場合である。ずっと以前から歴代の国王がその絵画・彫刻コレクションを展示してきたことから、しばしばわが国最古の美術館と見なされる王立リュクサンブール美術館は、一八一八年、ルイ十八世により現存芸術家の展示に当てることとされた。やっと一八四八年になって、ダヴィッド、ジロデ、プリュードン、ドラクロワ、アングルなどがとなり合うコレクションは、当時〔フィリップ・オーギュスト・〕ジャンロン〔一八〇九〜七七年、画家、美術行政官〕が率いていた博物館局に委ねられた。しかし、サロンでしか購入せず、窮屈な予算にも制限されて、美術館は急速にアカデミズムに埋没していった。

マネが《草上の昼食》を展示した「落選者展」の開かれた一八六三年以降、革新的な芸術はサロンから離れていくが、リュクサンブール美術館はそんな芸術にとってささやかな場所にしかならない。最初、一八九五年に学士院に拒否されたカイユボット遺贈品が、すでに一八八六年にはそこに美術館が置かれていた、リュクサンブールの旧オランジュリー（オレンジ用温室）に受け入れられるのはようやく一九二二年のことである。一九二二年、外国作品のコレクションがチュイルリーのジュ・ド・ポームに移され、一九二七年にはフランス画派コレクション（絵画六〇〇点）、印象派画家の作品、カイユボット・コレクションがルーヴルに収蔵された。

（1）一八四八～一八九四年、画家、〔訳注〕。

一九三二年に始まったジュ・ド・ポームでの外国画派美術館の整備は、再生の第一歩を印すものとなった。しかし、革新的な教育・余暇政策との一致をみて、近・現代美術が公権力によって認識されるようになったのは一九三七年、国民教育大臣ジャン・ゼーのもとでのジャン・カスー〔一八九七～一九八六年、小説家、美術評論家〕と彼の行動によってである。数え切れないほどの試みが挫折した末、国際建築コンペは、市と国と共同で、それぞれの側で、自分たちの近代美術館をそこに設置する現在のパレ・ド・トーキョーの建設のために、マレ・ステヴァンやル・コルビュジエではなく、まったくアカデミックな建築家を選ぶ結果になる。ジャン・カスーによって大いに充実した美術館は、一九四三年、部分的に、一九四七年には全面開館し、たちまち大きな影響力をもつに至った。しかし、より革新的な傾向にコレクションを開放しようと気をつかう彼のチームは、この新しい精神（エスプリ・ヌーヴォー）を感知するより伝統を重んじる学芸員委員会、フランス博物館評議会、それに局自体の支配的な好みと、たちまち衝突してしまう。マルローは、ル・コルビュジエに、当時構想中だったラ・デファンスの新しい地区に設置する予定の二十世紀美術館についての最初の研究を託している。一九六九年、美術館と図書館を結びつけた芸術センターの計画に目鼻をつけたのは、ジョルジュ・ポンピドゥーである。これは国際的な大コンペの結果、ピアノ〔一九三七年〜、伊 建築家〕とロジャース〔一九三三年〜、英 建築家〕によってボブール丘に建てられることになる。

徹底して近代的な建物に移ると同時に、美術館はフランス博物館局の行政的・文化的管轄から離脱する。大臣官房の直接の管轄下にそれ自身おかれた「公施設法人ジョルジュ・ポンピドゥー・センター」の一部門としての美術館は、固有の購入予算が付与され、これはそれ自体も自治権をもつ委員会によって管理されている。その後二〇年を経過しようとしているが、この間、美術館の成功の感が弱まったことはないし、大展覧会の成功も、そのたびに、美術館の輝きを増すものとなっている。しかし、その常設コレクションをたびたび訪れるのはセンター「利用者」全体のほんの一部だけである。なかでも、制度上の状況が、センターの周りで著しく変化している。フランス博物館局の援助で運営されている近代美術館と造形美術代表部の支援で活動を行なう芸術センターが、全国的に増加している。同様に、国立博物館は、全体的に、より自治権をもつ方向に向かって進化している。当初、激しかった博物館局からの分離要求は最近でも引き続いてあるが、この近代美術館ののち、実際に要求が通った事例はない。

文書館局のフランス歴史博物館――文書館博物館は、最初はルーヴルの古代美術部の学芸員で、後に一八五七年から一八六八年まで帝国文書館長を務めたラボルド侯爵〔一八〇七〜一八六九年、政治家、美術評論家〕によって一八六七年に創設された。その後、博物館に当てられたスペースの大幅な縮小、結果的には、展示文書に当てられる面積の縮小などの変転があったが、一九三九年、博物館はフランス歴史博物館の名称を採用した。六〇年代以降は、歴史的事件や、時代を新しく刺激的な視点から例証するというような想像力ゆたかな展覧会政策をとっている。

大歴史博物館に恵まれた近隣諸国、とくにドイツのボンは最近の事例であるが、これらとは反対に、フランスが最近数十年の間に、一八六七年のものよりももっと意欲的なプロジェクトを考え出さなかったことは驚きである。

文化財局の博物館——初め、歴史的建造物を保護するためプロスペル・メリメの発議で成立した文化財局は、コレクションに関する権限と活動範囲をきわめて大幅に拡大し、とりわけ最近では、フランス記念建造物博物館をその管轄下に置いた。

歴史的建造物を活用するため、文化財局は、大城郭（アゼ＝ル＝リドー、シャンボールなど）や著名人の邸宅（ガンベッタのためのセーヴルのジャルディー荘、ルナンのトレギエ、クレマンソーのサン＝ヴァンサン＝シュル＝ジャールなど）に家具や装飾品のコレクションを集めた。記録資料に基づくコレクションの場合が多いのであるが、これらはエトワールの凱旋門、ヴァンセンヌ城、あるいはサン＝クルーの領地において、記念建造物あるいは遺跡の歴史や実態を紹介している。考古学コレクションは、それらが発見された遺跡の近くに集めて展示紹介している。ヴェゾン、バヴェイ、サン＝ヴァアスト、サン＝レミ＝ド＝プロヴァンスなどがその例で、これらは真の「考古遺跡博物館」を形成している。カテドラルの逸品で国に属するものは、ノートル＝ダム＝ド＝パリ、アミヤン、ランス、サンス、コンクなどのように真の博物館となっている場合が多い。

ただし、局によって運営されている次の二つのコレクションだけが、公式に「国立博物館」と呼ばれている。

アンジェ・タピスリー博物館は、旧司教館の建物に一九〇〇年に設立され、その頃歴史建造物課の管轄下に置かれた。一九五五年以降は市の城館のなかに設置され、市長の旧居では十六、十七世紀のタピスリーを、特別に建てられた巨大なギャラリーでは有名な《黙示録》のタピスリーを展示紹介している。

要塞模型博物館――アンヴァリッド宮の最近新しくなった屋根裏部屋に、フランス諸都市の城塞の模型を集めている。ルイ十四世が自分の権勢のあかしとして外国からの来訪者に見せることを好み、長くルーヴルのグランド・ギャラリーで展示紹介されていたものである。

図書・読書局の管轄下に置かれたコレクション――国立図書館の文化財関連部門の多くは、貴重な工芸品や美術作品のコレクションを保存する真の博物館を形成している。これらは、国に属するいくつかの他の博物館のコレクションに類似しており、相互に緊密な関係を保っている。

たとえば、**手稿本部**は世界で最も美しいものの一つといわれる中世絵画のコレクションの一つをもっている。同様に、**貨幣・メダル・古美術部**は、五〇万点を超える貨幣とメダルを集め（大蔵省によって管理運営されている貨幣博物館のものをはるかに超える）、古美術品一万点、瓶類一〇〇〇点、ブロンズ製品二五〇〇点以上を集めている。版画室は一六六七年、すでに二万点にのぼる彫版画をもっていた王室図書室コレクションをもとに設立され、こんにちでは約一五〇〇万点の作品を保存している。最後に、**興業芸術部**は、一九二〇年、オーギュスト・ロンデル〔一八五六～一九三四年、銀行家、蒐集家〕によって国に遺贈された八〇万点を中心に一九七六年に創設され、購入のほか、多くのアーティスト、演出家の寄贈品を受け充実し続けている。一九七九年以降はアヴィニョンに支部を置いてはいるが、この部は依然としてアルスナル図書館に窮屈に置かれ、そのコレクションを正しく展示紹介できない状態になっている。

国立音楽博物館――音楽博物館は、ラ・ヴィレット公園内に設置された「商工業的性質の公施設法人音楽都市」の一部門である。
そのコレクションは、一七九五年八月三日、国立音楽院と同時に創設された楽器博物館に由来する。コレクションは、十九、二十世紀を通じて多くの音楽家たちの寄贈を受け、また一九八〇年のシャンビュール[1]・コレクション（八〇〇点）のようないくつかの大規模な購入によって充実してきた。コレクション（四五〇〇点）の厚みと百科全書的性格から見て、これは国内唯一の博物館と言ってよく、ルネサンス末から現代にいたる音楽の全体史を目指している。

（1）一九〇二〜一九七五年、音楽史家〔訳注〕。

2　いわゆる「国民教育省」博物館

美術総局に属する美術館が、アンドレ・マルローの文化省に組み入れられたとき、そのまま国民教育省の管轄下に残った。長い間、行政から見放されていたが、現在、それらのうちいくつかの博物館は、刷新のさなかにある。

自然史博物館――「王立薬用植物園」は一六三五年、ルイ十三世の侍医ギー・ド・ラ・ブロスの勧めで誕生した。そこではすぐに、学生、薬剤師、医師のために、実験と実地指導に基づく教育が展開された。一七三九年から一七八八年にかけては、ビュフォン〔一七〇七〜八八年、博物学者〕が館長職にあり、彼はその活動を単に医学だけでなく、自然科学、化学、物理学にも拡大した。そこで名を成した偉大な科学者に、発生学の開祖ジョフロワ・サン＝ティレール、古生物学と比較解剖学の創始者キュヴィエ〔一七六九〜一八三二年、男爵、古生物学者〕、そして進化論の最初の基礎をそこに築いたラマルク〔一七四四〜一八二九年、自然科学者〕などがいる。一九三五年には植物学のグランド・ギャラリーが、一九三九年にはいくつかの大実験室が設置された。また特筆すべきは、一九三七年、古生物学と民族学の講座のためのコレクションが、ポール・リヴェの後押しがあって、万国博覧会のために改築された新「シャイヨー宮」に集められたことである。これらのコレクションは、トロカデロの旧民族誌学博物館（コレクションの一部はルーヴルに由来、一八七八年創設）と一体となり、人類博物館を構成することとなる。きわめて独自性の強い三つの講座〔人類学・古生物学・民族誌学〕を並置した人類博物館のコレクションは、膨大ですばらしいものであるが、それぞれの特質に見合った保存管理がなされておらず、博物館はそれらの展示紹介の刷新と近代化の方法を、未だに見出していない。

一七九四年、「新たに発明・改良された道具・機械類」を収集することを目的として、工芸院を設立したのは、グレゴワール師〔一七五〇～一八三一年、政治家〕であった。これには競争相手（とくに、イギリス）に対抗してフランス産業の振興をはかり、技術者の研究を奨励し、人びとの関心を呼び覚ますという三つの意図が込められていた。そこにはさらに、教育・養成の使命があり、これが優先されて、コレクションの保存・保護の必要性は、急速に二義的なものとなっていった。そのコレクションは国立科学技術博物館と命名され、当初からパリのサン＝マルタン＝デ＝シャン大修道院の不便な建物に置かれている。急速に活気をなくしはしたが、おかげでよく保存されることになった。その数は八万点にのぼるが、展示されているのは八〇〇〇点にすぎない。もともと目的とするところは、技術史を網羅し、活動全体をわかりやすく示すことであり、エネルギー、鉄道、自動車、通信、天文、時計製造、農業、繊維産業、グラフィック・アート、写真、映画、音響・音楽、電気、光学などの分野にわたっている。博物館の施設・設備の大規模な改修計画が、いわゆる「大改造計画」の枠組みのなかで始まり[1]、収蔵庫はセーヌ＝サン＝ドニ県に移って近代的なものになっている。

（1）二〇〇〇年三月、技術工芸博物館として再開〔訳注〕。

「発見の殿堂」――これもまた、三〇年代の「大脱皮」に由来する、すなわち一九三七年の万国博覧会の機に、パリのグラン・パレに設置されたもので、ジャン・ペラン〔一八七〇～一九四二年、物理学者〕とそのグループの発議によっている。慣例として「国民教育省博物館」に数えられてはいるが、コレクションをもっていないという意味で、本当は博物館ではない。目指すのは、啓蒙的展示や教育経験を通じて、科学的知識や「発見」の状況を紹介しようとすることである。なお、ここでは「研究」と言わず、今でも「発見」と言っている。改革は進行中である。

国立教育博物館――ジュール・フェリーは、第一次共和党内閣の公教育相に就任するとすぐに、一八七九年五月、教育博物館を創設する。

そのコレクションは、前年の万国博覧会でフランスを除く二七か国が展示した資料によって構成され、これらの国の多くは、すでに固有の教育博物館をもっていたのである。

新しい「国立教育博物館」が現在の外観を呈するようになるには、一九五〇年、さらにいえば地域教育資料センターがルアンに置かれ、古い資料のコレクションを集め始めた一九七六年を待たねばならなかった。

学校とはまったく関係のない、狭くて不便な十五世紀の建物に置かれてはいるが、博物館は教育方法の進化を跡づける常設ギャラリーを提供し、質の良い展覧会を随時開催している。博物館が、国家的使命や豊富なコレクションにいっそうふさわしい施設設備をもつことが望まれる。わが国のいくつかの地方では、ここ何年かの間に学校博物館が設立されており、これらのためのレファレンス・センターとなりうるからである。

3　軍事博物館

国防省の下に置かれた三つの大博物館は、それぞれ法人格と財政自主権を与えられた行政的性質をもつ国の「公施設法人」に組織された。博物館は理事会によって管理され、フランス博物館局長はその一員である。理事長、理事、および館長は国防相が任命する。

軍事博物館——砲兵隊中央委員会の指令に従い、行政将校レニエは、一七九六年より最初のコレクションの形成にとりかかり、これをサン・ドミニク通りのサン・トマ・ダカン修道院に置いた。コレクションは十九世紀を通じて増強されたが、一八七一年にアンヴァリッドに移され、そこでは「ラ・サブルタッシュ」協会の収集したコレクションと一九〇五年に統合された。あらゆる時代、国、兵器システムを包括した、軍事博物館は、世界にある最も百科全書的なものの一つとなっている。この博物館は、直接に、あるいは取り決めにより、地方にある多くの博物館を管理運営しているが、それらのうちの多くは、軍部（伝統博物館）もしくは地方公共団体に付属している。

海洋博物館——一八二七年、シャルル十世によって創設されたが、その起源は海軍監察官アンリ＝ルイ・デュアメル・デュ・モンソーが、ルイ十五世に遺贈した船舶模型と海軍工廠の機械コレクションに見出せる。十八世紀以降、ルーヴルの科学アカデミー会議室のすぐ近くに設置されていたコレクションは、一九三七年の博覧会の際にあらかじめ決められていた措置に従い、一九四三年、シャイヨー宮に移った。「公施設法人」としての博物館は、地方でもブレスト、ポール＝ルイ、ロシュフォール、トゥーロン、ラ・セーヌ＝シュル＝メール、サン＝トロペ、ニースでその所有する博物館を管理運営している。さらに、法人は、新しい博物館の創設や現存博物館の発展のために多くの地方公共団体と協力している。

航空宇宙博物館――ブールジェ空港のなかに設置され、初期から一九一八年までの飛行機〔四〇モデル〕、一九一九年から一九三九年まで〔二二モデル〕、第二次世界大戦中〔一三モデル〕、一九四五年から現在まで〔二二モデル〕のほか、ミサイルなども集め、世界で最も重要なコレクションの一つとなっている。改修計画がすでに進められている。

4 その他の省庁によって管理運営されている博物館

これまで公式な一覧表は作られていないし、国がこの領域で、全体的な政策を示そうとすることもなかった。しかしながら、省庁の多くの部局が、千差万別ではあるがそれなりに光輝あるコレクションや博物館をもつことは確かである。たとえば、大蔵省の部局であるパリ造幣局によって管理運営されている**貨幣博物館**は、パリのケー・ド・コンティに一七七一年から一七七七年にかけてジャック＝ドニ・アントワーヌ〔一七三三～一八〇一年、建築家〕によって建てられた局舎に設置され、フランスおよび諸外国の貨幣・古メダルを保存している。国立図書館メダル室出身の学芸員が、非公式ながら同メダル室との必要不可欠な関係を確保している。同じ大蔵省が、**税関博物館**を設置したのは、ボルドーであった。

レジヨン・ドヌール博物館――法務省の管轄下に置かれているが、これは一九一四年から一九一八年にかけての戦争のすぐ後、レジヨン・ドヌール賞勲局総裁デュバイル将軍〔一八五一～一九三四年〕によって創設され、一九二五年に開館した。博物館が置かれているのは、ルイ十六世下にサルム皇太子のために建設され、一八〇四年以降賞勲局が入っているレジヨン・ドヌール宮である。

そのコレクションは、莫大な数の勲章、武器、衣装、文書、絵画、版画など、レジヨン・ドヌールに関するもののほか、古い時代から近代にいたるまでのフランスの他の勲章、さらに外国については高位の勲章などを集めている。政治的、社会的文脈の発現である褒賞制度を、こうした文脈のなかに組み込むことによって、博物館はフランス史の重要な節目を照らし出しているのである。博物館は、「行政的性質の公施設法人」として組織され、賞勲局長が理事長となる。理事会は、博物館局長および法務大臣の任命する者で構成されている。

刑務博物館を設立しようとする考えは、十九世紀末、一八八九年の万国博覧会を機に生まれた。このときすでに刑務行政は、こうした制度の志すものを物語るコレクションを展示紹介していたが、これらは不幸にも散逸してしまった。その後、新たに収集し直して一つのコレクションを形成したのが一九八二年、学芸員一人を採用したのが一九八七年のことであった。一九九〇年、法務大臣はフォンテーヌブローの拘置所を選び、そこに刑務行政博物館を創設することとした。現在整備をしている最中である。[1]

（1）二〇〇三年二月より、国立刑務所博物館として一定の条件のもとに公開〔訳注〕。

パリ警視庁博物館は、警視総監ルイ・レピヌによって、一九〇九年に創設された。シテ島内の有名なケー・デ・ゾルフェーヴル三六番地パリ警視庁の屋根裏部屋に設置され、モベール広場（カルム通り）のそばに建てられた五区の警察庁舎に、一九七四年、移された。厳めしく、またその意図にふさわしくない場所ではあるが、博物館はパリ警察の歴史を証す興味深い物品や資料のコレクションを保存しており、またこれらを通して、フランスの歴史を保存しているとも言えよう。

郵政博物館は、一九四六年に創設され、一八四八年、フランスかつ世界で初めて発行された切手以来、切手に類するものの受け入れ、分類、保存、展示紹介をまず第一の業務としている。博物館はまた、郵政史に関するあらゆる形態の物品や資料を多数保存、展示紹介している。一九七三年以降、博物館は、ヴォージラール大通り（パリ一五区）の近代的な建物に設置され、最近一新された。大図書館や強力な教育部門を備え、多彩なテーマで展覧会を行なうなど、博物館はすばらしい展示政策を実行している。

フランスの創造的なエネルギーを称揚するため、また、他の建築を断わってその建物の注文に応じたオーギュスト・ペレ〔一八七四～一九五四年、建築家〕を慰めるため、人民戦線政府が決定した土木事業博物館を生み出す元となったのは、またしても一九三七年の国際博覧会である。しかし実際には、戦争の勃発により、そこに博物館を設置することはできなかったし、フランス解放直後には、ペレによって建てられた大建築は、フランス連合評議会、次いで、フランス経済社会評議会を入れるために使用された。後者は現在もここに残っている。当時ケースに入れられた模型コレクションは、大臣もしくは地方公共団体が、再び近代的かつ一貫したプロジェクトの枠組みのなかで、しかるべく展示紹介する日を今なお待ち続けている。

Ⅲ　地方公共団体に属する博物館

地方公共団体の博物館網を著しく特徴づけているのは、国家の宝物をすべて、国家および「近代のアテネ」〔パリを指す〕の手中に集めることに執着する覇権主義的野心をもつパリと、一方では芸術的な富の均等な分配を望む市や県との間で、フランス革命のときに始まった対立がなお残っていることである。

それは、国に属し、首都に集中した「国立博物館」と、おおむね地方公共団体が所有する「地方博物館」との間にあるフランス特有の対立をはっきりと説明している。新生共和国が地方公共団体に対して寛容であろうと決意したのは、理論的な討論の結果ではなく、征服者である軍隊が押収した傑作の数があまりにも多かったにすぎない。それでも、リヨン、ボルドー、ストラスブール、ブリュッセル、マルセイユ、ルアン、ナント、ディジョン、トゥールーズ、ジュネーヴ、カン、リール、マインツ、レンヌ、ナンシーの一五の大「地方博物館」を認め、これを法的に承認するには革命暦第九年実月十四日（一八〇一年九月一日）の政令を待たなければならなかった。これにより当該博物館は、地方のコレクションを集め、国のコレクションを受け入れる使命をもつことになった。

その後、博物館の領域での国と地方のつながりは、ゆっくりとした速度で、複雑に組織されていくことになる。第二共和政下、国立博物館局長フィリップ・オーギュスト・ジャンロンは、地方博物館監査の大綱を用意し、第二帝政下にはシュヌヴィエール（一八二〇～一八九九年、美術行政官）がこれを組織する。しかし、「国立博物館局」が「フランス博物館局」となり、一八〇一年に制定されたリストに基づいて国の学芸員の責任下に置かれた「指定」博物館と併せて、市や県に所属する約一〇〇〇の博物館を再組織してリスト化した「登録」博物館をも組織・統制する使命をもつようになるのは、つい一九四五年のことである。「指定・登録」博物館の一群は、「地方」博物館ともいわれ、こんにちその態様[1]が多様すぎて、適切な名称を見つけがたいが、「美術館の暫定的組織に関する」一九四五年七月十三日の行政命令で規定されているものである。

（1）管理機関による博物館の分布（一九九二年文化省調査）

自治体のみ	七五二館	七四・一％
自治体と協会	七七館	七・六％
協会のみ	一二六館	一二・四％
不詳	五九館	五・八％
合計	一〇一四館	一〇〇・〇％

一九八〇年代はじめに採り入れられた行政の地方分権化、権限の分散化の大きな運動が原因でこれらの規定の大部分は、実際にはすでに使われなくなってしまっている。同時に、博物館の活動の場は、当初から、美術を越えて、考古学、歴史、装飾美術、そして民芸にまで広がり、地方、産業、都市民族学を扱う、いわゆる「社会」博物館の方向に広がっていった。実際、フランス博物館局の権限は博物館のほとんど全体に拡がり続けてとどまることを知らなかった。文化の保存と伝播という博物館に共通した使命は、文化省が博物館に付与してきた大きな財源に見合うように少しずつ定着していった。

したがって、こんにちフランス博物館局の学術・文化的責任から除外されるのは、他の機関に運営、あるいは統制を依存している博物館のみである。こうした理由から、いわゆる「国民教育省」博物館は比較的少数ではあるが、きわめて多様な一群を構成しており、そのうちの大部分、いわゆる「混成」博物館は、美術、考古学、民族学、自然科学のコレクションが一体となったものである。各地の自然史博物館だけは、かなり間接的ではあるが、パリ自然史博物館の監督下に置かれている。その他のものについては、一九九一年に、公式報告がその「放棄」を思い起させたほど、国民教育省は最近までそれらの博物館にわずかな財源しか当てていない。

パリ

首都にあって、国が運営している博物館の数と重要性からすればささやかなものであるが、この都市は、運営の自立性に細心の注意を払った行政に恵まれ、さまざまな分野のかなり雑多な要素から成る博物館の一群を構成している。これは、偶然の寄贈や購入によるものであり、最も古い博物館でも一八八〇年を遡らないことからもわかるように、比較的遅くに始まった。

カルナヴァレ博物館――最初は、首都の歴史博物館として成立。博物館は装飾工芸品のコレクションで少しずつ豊かになった。その一方で、最も古い時代から、パリの歴史を物語る作品群、すなわち絵画、彫刻、素描、版画、さまざまな道具類の資料的性格と美的価値を結びつける努力をしてきた。

プティ・パレ美術館――一九〇〇年の万国博覧会のためにジロー〔一八五一～一九三二年、建築家〕によって建てられた建物は、パリ市の、歴史的性格を帯びないコレクションに当てられるとともに、注目すべきデュテュイ[1]・コレクション（版画、書籍、陶器、素描、エマイユ）との関連で構成される企画展示ギャラリーとしても用いられている。一九六〇年以来、美術館は、「フォーヴ」の時代に力を入れている。

（1）一八一二～一九〇二年、蒐集家〔訳注〕。

パリ市立近代美術館――近代美術に関しては国より大胆で、市は戦前から重要なコレクションを獲得していた。コレクションは一九三七年に建てられたパレ・ド・トーキョーに移す予定であったが、これが建物西翼に実現するのは一九六〇年のことであった。美術館はコレクションを絶えず増強し、さらに国立近代美術館と対応するように、ヨーロッパ美術の活発な展示政策をとり、この領域で最もダイナミックなセンターの一つとなっている。

セルヌスキ美術館――ギメ美術館が建設されて一〇年後の一八九五年、アンリ・セルヌスキ〔一八二一～一八九六年、伊 銀行家、蒐集家〕は、モンソー公園の自分の館と、さまざまな関心に基づいてそこに所蔵していた極東美術コレクションをパリ市に譲渡した。国立アジア美術館（ギメ美術館）の学芸員たちと協調して進められた収集方針のおかげで、セルヌスキは中国古代美術の参考調査美術館となっている。

コニャック＝ジェー美術館――「サマリテーヌ」百貨店の所有者、エルネスト・コニャック〔一八三九～一九二八年、商人、慈善家〕とその妻ルイーズ・ジェーは、十八世紀の絵画・工芸品コレクションを同時代の指物のなかに置いて保管していたが、これをキャピュシーヌ大通りの百貨店別館にしつらえ直して置いた。コレクションのもつ親密で軽やかな性格は、こんにち、マレ地区のエルゼヴィル通りに一五七三年に建てられたドノン館の古すぎる環境とあまりにも広いスペースにはふさわしくないからである。

パリ市は、ほかに五つの専門的な博物館を持っており、それぞれバルザック、ヴィクトル・ユゴー、彫刻家ブールデル、同じくザッキン、ロマン派画家アリー・シェーフェルの生涯と作品を彷彿とさせている。

ガリエラ宮＝衣装博物館――いささか異様な建物は、ガリエラ公爵夫人〔一八一二～一八八八年、慈善家〕によって、プレジダン・ウイルソン大通りに面して建てられた。夫人のコレクションを入れるためであったが、これは当初予定していたパリにではなく、最終的には、ジェノヴァに遺贈された。建物は、パリ市の衣装コレクションの展示に随時使われている。カルナヴァレ博物館に由来するパリ市の衣装コレクションは、その後パリ市一五区に設置された近代的で機能的な収蔵庫に保管されている。

マルセイユ

重要な遺跡をそこに残したギリシア人によって基礎が築かれ、世界に開いて自由に芸術を受け入れる商業市民によって活気づけられ、何年も前から博物館局を設置している都市、マルセイユは、たぶんパリに次いで最も大規模かつ多様な市立博物館群を有している。

非常に重要な美術コレクションは、当初第二帝政末期に、広大なロンシャン宮に置かれた。そのモニュメンタルで、不便な空間は、建築家エスペランデュの構想によるものであったが、一九七〇年代末のプログラム法律〔法律の形で承認されるひとまとまりの事業計画全体の予算支出〕のなかで、隔壁と中二階を設置することにより縮小されている。

一九六九年以降再編された近代美術コレクションは、蒐集家ジュール・カンティーニが、陶器とガラス器のコレクションと同時に市に遺贈したモングラン館で展示紹介されていた。カンティーニ美術館は、装飾美術品をボルリー城に移したにもかかわらず、近・現代美術コレクションのすべてを受け入れるには、今度は、かえって狭くなってしまった。裕福で風変わりなドイツ人医師ラウ博士は、その個人コレクションを入れるための美術館を建設し、コレクション自体は結局、市に寄贈するに至らなかったが、美術館は折りよく現代美術部門の展示に当てられることとなった。

このように、ロンシャンの古代および古典主義時代、カンティーニの近代美術、そして「MAMAC」〔近・現代美術館〕の現代部門と、マルセイユは、その美術コレクションを合理的に展示紹介している。

装飾美術も同様にいろいろな施設でよく収集展示されている。ボルリー城の陶器（ファイアンス）とガラス製品のコレクション、カヌビエール大通りに面したファッションの芸術、ロンシャン宮のそばの魅力ある小さな館にグロベ＝ラバディエ家によって遺贈された変化に富んだコレクションなどである。

商人階級が世界に展開し、その船が四海を行き交った。ピエール・ピュジェ〔一六二〇〜一六九四年、建築家〕とジャン・ピュジェが、一六七一年から一七四九年にかけて建てたヴィエイユ・シャリテ〔旧慈悲院〕のすばらしい建築物では、こんにち、地中海考古学、プリミティヴ美術、諸外国民族学の豊かなコレクションが展示されているが、マルセイユはそれにふさわしい都市である。

アフリカ・オセアニア・アメリカ＝インディアン芸術博物館は、パリのポルト・ドレの国立アフリカ・オセアニア芸術博物館のコレクションと競い合うほどのコレクションを集めている。この都市の二〇〇〇年の歴史は、どの考古学、歴史博物館でも目立っているが、関連のコレクションはとりわけ豊富である。現場をそのまま博物館にした**ローマ陸揚げ倉庫博物館**は、ローマ時代の陸揚げ倉庫で、一九四七年に発見、穀物を受け入れるための巨大な壺で構成されている。**マルセイユ歴史博物館**は一九八三年に開館、一九六七年フォカイア〔イオニア人の都市〕の植民地時代につくられた市街の石のドックを発掘した際に発見された考古学的遺跡を展示紹介している。**古マルセイユ博物館**は、旧港にほど近い「ダイアモンドの館」と呼ばれるルネサンス期のすばらしい館のなかに整備され、この都市の民芸を思い起こさせる家具、工芸品、衣装、楽器、文書、トランプなどの資料群を保存している。これまでに挙げた博物館はすべて市に属しているが、これとは反対に、**マルセイユ海運・経済博物館**は商工会議所によって設立され、十六世紀以来のマルセイユにおける港湾交易と産業の相関的な発展を明らかにしている。**自然史博物館**は、ロンシャン宮の翼棟の一つにあって、古生物学、先史時代、動物学の驚くべきコレクションを、壮麗な十九世紀フレスコ装飾のもとに置いている。

リヨン

フランス第二の都市リヨンは、間違いなくその博物館群がマルセイユのそれと競い合い、多分追い越していると自負しても間違いではなかろう。ただ、市によって運営されているのはわずかで、その他のものは、県、都市共同体、商工会議所、大学、あるいは諸協会が責任を負っており、公共の管理運営によってマルセイユで実現することのできた首尾一貫性はリヨンでは見られない。

美術館は、わが国で最も豪華なものの一つである。テロー広場に面し、イタリア風の様式で十七世紀に建てられたダーム・ド・サン＝ピエールの旧大修道院の建物を占用している。この巨大な建物の改修は一九八九年に着手され、その後一〇年はかかるであろうが、一万四〇〇〇平方メートル余の面積を得て、美術と考古学の豊かなコレクションの展示が可能となろう。二十一世紀への変わり目を迎える頃に竣工すれば、サン・ピエール宮はそのコレクションにふさわしい、疑いもなくわが国で最も美しい施設の一つとなるであろう[1]。

（1）一九九八年に竣工した〔訳注〕。

現代美術館は、サン＝ピエール宮の十九世紀の拡張部分に一九八四年に開館し、立派なコレクションを形成していたが、最近〔一九九五年〕、ローヌ河とテート・ドール公園の間にレンゾ・ピアノが設計した建物に移された。

一八七九年、リヨンに創設されたギメ美術館は、一八八八年、ギメ本人によりパリに移されたのであるが、美術館はきわめて豊富なコレクションをもっており、一九一三年には、パリで展示紹介できないコレクションを入れるために新しい美術館を開館した。アメリカ、アフリカ美術も収集展示されているが、アジア美術コレクションが最も興味に値するものであろう。しかし、（その重要性にもかかわらず、奇妙にも「指定」されていないのだが）博物館は、地球科学（とくに鉱物学、宝石学）、生命科学（昆虫学、動物学）、人間科学の三部門からなる豊かな自然科学のセクションも含んでいる。

いまだにその外観によって注目される市庁舎では、「白いサロン」にエドゥワール・エリオ[1]博物館を開設し、（五〇年間）市長であり、国政政治家、作家でもあった人をしのぶ場になっている。市立病院の十八世紀の部分にある施療院博物館は、同時代のすぐれた指物、タピスリー、絵画、彫刻、薬品棚や調剤用陶器類が豊富で、それらはおそらく、この種のもので、フランス中で最も立派なもののうちの一つとなっている。市はレジスタンス・強制収容博物館も維持しており、ここまで挙げると市の博物館リストのうち主要なものは挙げたことになる。しかし、負担が重すぎるように思えた消防士博物館は都市共同体に委ね、考古学博物館はローヌ県に移譲した。
（1）一八七二～一九五七年、作家、リヨン市長〔訳注〕。

ガロ=ロマン文明博物館は、ベルナール・ゼールフュス〔一九一一～一九九六年、建築家〕によって建設され、フルヴィエールの丘の上に一九七五年、開館した。ローマ時代ガリアの首都の中心に位置し、シベール寺院、オデオン、オーギュスト劇場の間にあって、博物館は、その時代の碑銘に関する最もすばらしいコレクションをまとめている。

ガダーニュ博物館は、装飾美術、考古学、リヨン史とともに、ギニョール〔十八世紀後半頃リヨンで行なわれた指人形劇の主人公〕を中心としたマリオネットの風変わりなコレクションなど、かなり雑多な資料をまとめている。

商工会議所は、**織物史博物館**を運営している。博物館は名高いヴィルロワ館にあり、わが国で最もすばらしい古織物コレクションを受け入れている。リヨンの織物業者たちが昔の織物と古い織機が動いているところを紹介するカニュの家を公開したのは、自らの伝統を保持し、わかりやすく説明するためである。

印刷・銀行博物館は、十六世紀の旧「市庁舎」にあり、もっぱら印刷術と本の美術を扱っている。そして、十九世紀末にアントワーヌ・リュミエールが住んだ家は、小さな**リュミエール家族史博物館**を入れ、家族史と初期写真・映画史とを一体として扱っている。また、大学で運営している二つの博物館（歯学部の歯科博物館と古美術鋳造複製美術館）および、教会に所属する三つの博物館（**フルヴィエール博物館、サン=ジャン大聖堂宝物館、アフリカ使節博物館**）も付け加えなければならない。

ニース

わが国の最も重要なものの一つであるこの都市の発展は、十九世紀末になって始まったものである。しかし、観光による突然の繁栄、その繁栄が多くの芸術家たちにもたらした魅力は、すべて、フランスで第一級のなかに数えられる一連の博物館の創設によるものと解釈される。そのうえ、一つは考古学、もう一つは近代美術に当てた二つの重要な博物館（美術館）を建設するに至ったばかりでなく、市は、収蔵施設間におけるコレクションの合理的再編をも手がけている。

最近整備された二つの考古学博物館は、この地域に古くから人が住み着いたことを証明している。小さな**テラ・アマタ博物館**は、マンションのなかに設置されているが、その基礎工事の際にアシュール期、マンモスの狩人の野営跡が発掘された。アウグストゥスによってはじめられた古代ローマの属州の州都スムルニュムの中心にあるシミエの丘に、建築家W・ミトロファノフが建設した巨大な博物館は、その土地と、古代プロヴァンスで出土した発掘品を展示紹介するために、一九八八年に開館した。

ラスカリ宮は、十七世紀のジェノヴァの貴族の住まいで、豪奢な装飾のなかに、主としてイタリア絵画のコレクションを集めている。アカデミックなものや、社交界を描いたものが多くを占める十九世紀絵画と**ジュール・シェレ**[1]**美術館**のネオ・バロック装飾は、調和して美しいハーモニーを醸し出している。

（1）一八三六～一九三二年、ポスター作家、画家〔訳注〕。

専門テーマを追求した次の三美術館は、この都市が二十世紀の最も偉大な芸術家たちを魅了してやまなかったことをよく物語っている。

国立マルク・シャガール聖書の啓示美術館は、画家とその死後夫人によって、一九六六年から一九七二年までになされた寄贈品を展示紹介するために国によって建てられた。**マティス美術館**は、最近拡張されるとともに、壮麗に改修され、シミエの丘で、絵画と素描のすばらしいコレクションを展示紹介している。デュフィ美術館は、画家の死後プロムナード・デ・ザングレに、ニース生まれの夫人によって作品が寄贈されたのを機会に、整備された。

空港近くに、丹下健三によって建設された立派な建物に、アルプ＝マリティーム県は〔アジア〕美術館を設立した。当初アジア・コレクションと画家トレモワ〔一九二一年〜〕の作品に当て、最終的には、ギメ美術館のアジア美術の寄託作品で全面的に補完しようというものである。運河にされ再び暗渠化されたパイヨンの流れに沿って立つ堂々たる近・現代美術館（MAMAC）は、一九九〇年開館、「ニース画派」「ヌーヴォー・レアリスム」の作品を擁している。二〇年代の心地よい別荘に置かれ、このたぐいで最も重要なものの一つであるアナトール・ジャコフスキー素朴派美術館は、一九八三年に物故したこの美術評論家から遺贈されたコレクションから生まれている。さらに歴史と装飾美術、民衆芸術を結びつけた三つの博物館を思い浮かべれば主な博物館を網羅したことになろう。聖職者によって、水車小屋に設置された旧居小修道院は、中世とルネサンスのコレクションを中心に、十六世紀の魅力的な住まいを再現している。シミエの修道院では、修道士たちが、修道会とその創始者の歴史を思い起こさせるフランシスコ会博物館を一九八〇年に整備した。マセナ元帥の曾孫、リヴォリ公爵のために建てたられたアンピール〔第一帝政〕様式の邸宅では、マセナ美術館が、各時代のすばらしい美術コレクションをアンピール様式の家具とともに展示紹介している。

トゥールーズ

力強い芸術・産業の古都。ミディ＝ピレネーの中心都市は、その長い歴史のすべての側面を証す博物館とともに、民間や宗教上の記念建造物にも恵まれている。

主要な三つの博物館があることから考古学が有名であり、その最初の二つは、自治体によって運営されている。**自然史博物館**は、この地方の先史コレクションを保存している。**サン・レモン博物館**は、新石器時代からガロ＝ロマンまでの豊かな考古学的パノラマを展示紹介している。二つの回廊をもつすばらしい環境にあって、**オーギュスタン美術館**は、異論の余地なく、中世から十九世紀までの最もすばらしい美術コレクションの一つをもっている。近・現代美術コレクションも豊富で価値があり、アート・センターとの複合施設〔近・現代美術空間〕として旧屠殺場に整備中の新しい建物に入ることになろう。さらに古い時代から近代にいたる絵画コレクションを管理運営するために、アルゼンチン人の富豪バンベルク氏によって設立された財団が、昔からあるアセザ館に入る作業中である[1]。考古学とヨーロッパ美術という二つの分野の豊かなコレクション以外に、トゥールーズは、**ジョルジュ・ラビ美術館**にアジア美術の一大コレクションをもっており、これは、おそらく、パリのギメ美術館のコレクションを除けば、地方で最も重要なものである。

（1）一九九四年末、バンベルク財団美術館として開館した〔訳注〕。

歴史および工芸技術の博物館の一群も同様に多彩である。陶器、絵画、版画、民衆芸術など、かなり雑多なコレクションを通して、**古トゥールーズ博物館**は、この都市の歴史を彷彿とさせる。**ポール・デュピュイ[1]博物館**は、最近改修と拡張がなされた十六世紀の館に、時計、古道具、陶器、衣装、宗教芸術、古武器などの驚くべきコレクションを収蔵している。この主要都市の産業に密接に結びついた宇宙博物館が、ようやく最近整備された。

（1）一八六七〜一九四四年、画家〔訳注〕。

ナント

博物館資産が多くの施設に分散している他の都市とは反対に、この大西洋に面した県庁所在都市は、そのコレクションを市や県が運営する四つの拠点にまとめることができ、ほかにより小さな一連の協会博物館がある。

一八九三年から一九〇〇年にかけて建設された**美術館**の広々とした建物は、壮麗に修復された。美術館は、イタリアのプリミティヴ〔ルネサンス以前、すなわち一四〇〇年頃より前の絵画〕から最も現代的な美術にいたる、フランスで最も美しく首尾一貫したコレクションの一つを収蔵している。

ブルターニュ公城館博物館は装飾美術コレクション、**民衆芸術博物館**、港湾、商業、産業活動に関する**サロルジュ博物館**をまとめて収容している。これらを再編成し、注意深く刷新することが肝要である。

ナントのある富裕な愛好家がもつやや雑多なコレクションは、こんにち、**トマ・ドブレ博物館**[1]となっている。エジプト、ガロ＝ロマン、メキシコの考古学、中世美術とルネサンス家具、彩色エマイユ、版画があり、これらのコレクションは同一の空間に置かれ、それ自体がルネサンス様式の小城館、十九世紀のローマ＝ゴシック調宮殿、一九七〇年代の簡素な近代建築物から成っているのは、驚きである。

（1）一八一〇〜一八九五年、蒐集家〔訳注〕。

最近、一新された**自然史博物館**は、フランス本土のなかで最も重要で最も入館者数の多いものの一つである。

これらの大規模施設のほかに、一連の小さな博物館をあげることができる。多くは協会が運営するもので、多様な関心に基づいている。**職人組合（ギルド）博物館**、**ロワール地方郵政博物館**、**印刷博物館**、人形・古玩具博物館、ジュール・ヴェルヌ博物館。

ルアン

美術の街、ノルマンディーの中心都市は、戦争の災禍にもかかわらず、記念碑や美術館が豊富である。市、県、国は、市中にそれぞれの博物館をもっており、それらが結集して、全体的にきわめて質の高いものとなっている。

市の施設のうち、**美術館**は、フランス第一級の大美術館のうちでも、断然第一の地位を占めている。第三共和政初期の最も立派な美の宮殿の一つのなかにあって、たぐいない質をもったコレクションは、細心の注意を払った市の公共財管理官と寛大な寄贈者によって着実に充実し、拡大してきている。大いなる才能に恵まれた学芸員が指揮した大改修は、元のものに勝るほど見事なものとなった。

陶器コレクション、その多くはルアンのものであるが、これはかつて美術館で展示紹介されていた。こんにちでは**セラミック美術館**となり、豊かさや質においてフランスでもあまり類のないものとなっている。**ル・セック・デ・トゥールネル博物館**(1)は、柵、欄干、鍵、錠、外科医用具などの鉄製品の並外れたコレクションを展示している。

(1) 一八五四〜一九二四年、美術愛好家〔訳注〕。

聖母訪問会の旧修道院には、オート・ノルマンディー県に属する博物館があるが、現在は閉館しており、他方、市に属する古代美術館は、細々ながら活動している。リルボンヌのガロ＝ロマンの発掘品を元に、一八三一年に創設された**古代博物館**は、以来、エジプト、ギリシア、エトルリア、ローマ、それに中世のコレクションで増強された。**自然史・民族誌・先史博物館**は、地方の先史発掘品と同時に、地方や異国の動物誌、民族誌、人体構造研究などいくつかの系列のものを扱っている。この博物館は、近い将来抜本的に刷新されるはずである。三つの博物館がこの地方の三人の主要な有名人、ジャンヌ・ダルク、ピエール・コルネイユ、フロベールの記念物を保存している。国立教育博物館（四五頁で言及）は、独特ではあるが、不便な二つの木造家屋に置かれている。

ストラスブール

比較的中規模都市にもかかわらず（都市圏全体で見ても、二〇万人強）、ストラスブールは、裕福だった過去と、ヨーロッパの中心都市としての野望を同時に示す非常に重要な博物館群を管理運営している。ストラスブールは、博物館局を置き、コレクションの再編成・公開の合理的政策を実施した最初の大都市の一つである。

枢機卿‐大公‐司教の旧居ロアン宮は、三つの注目すべき博物館を擁している。装飾美術館は、装飾の質によっても、家具、陶磁器、鉄製品の蔵品の豊富さからいっても、フランスで一級のものの一つである。美術館は、かつての「指定」博物館のなかで最も重要なものというわけではない。しかし、そのコレクションは、静物画に重点を置きながら、中世から十九世紀にいたるヨーロッパ美術全般に及んでいる。最近改修された考古学博物館は、ロアン宮の地下に置かれ、石器時代からメロヴィング朝までの非常に豊富なコレクションを秘蔵している。カテドラルの傍らにあって、ノートルダム史料博物館は、ゴシック庭園周辺の十四世紀から十七世紀にいたる一群の館を占めており、保存している作品の豊富さと質から、この都市の豊かさと同時に、ストラスブールの宗教芸術の中心としての輝きをよく示している。

近年まで、史料博物館に隣接する建物に不充分な設備のまま置かれていたが、大きな価値を有する近代美術館と近・現代のアルザスの創造的活力を反映しているアルザス・ギャラリーは、アドリアン・ファンシルベール〔一九三二年〜、建築家〕によって、イール河のほとりに構想された広大な建物へ最近移転している。歴史博物館は、この都市の政治、商業、産業、軍事についての豊かな過去を展示紹介している。一方で、アルザス博物館は、この地方の田園や職人の生活を明らかにしている。動物学博物館は、その規模や活動力にもかかわらず、要するに、国民教育省の登録博物館であるにすぎない。

このように、ストラスブールは、これほどまでに重要性をもつ博物館群を単独で運営している稀有な都市の一つである。これは、博物館にとっては同時に、チャンスでもあり、科学的、文化的歩みを首尾一貫して進めることができる。市にとっても同様で、たぶん微妙な問題ではあろうが、都市圏、県、地域圏との間で重い負担を分担し合うことを正当化するものでもあろう。

モンペリエ

ラングドックの古都は、ヨーロッパで最も古い大学の一つでもある。博物館の形態は、市庁舎と学部の尋常でないかかわり合いを反映している。

最初の寄贈者の名をもち、当初十八世紀の館に置かれたファーブル(1)美術館は、隣接するイエズス会の旧コレージュ（学寮）で発展する。三つの主要な寄贈品群（ファーブル一八二六年、ヴァルドー一八三六年、ブリュイア一八六九年）は、まれに見るほどに豊かな十八、十九世紀絵画コレクションをつくりあげている。大通りの向かい側にある十九世紀の優雅な建物「パヴィヨン・ポピュレール」が修復されたおかげで、不足していた展示スペースを以後自由に使えるようになった。しかし、一九七〇年代末のプログラム法律によって不幸にもいくつかの改修が行なわれたが、これにより、かえってその後、同様の規模のほとんどの美術館がとりかかった全面的な刷新を、いっそう緊急なものとして行なわねばならなくなった。[2]

（1）一七六六〜一八三四年、画家〔訳注〕。

（2）二〇〇三年一月、ファーブル美術館は、モンペリエ都市圏の管轄下に入った〔訳注〕。

カブリエール＝サバティエ・デスペイラン館博物館は、ファーブル美術館の別館で、豪華な装飾と十七、十八世紀の家具で飾られた十九世紀の館に置かれている。

市はまた、この地方の名士の肖像画と宗教芸術のコレクション（**古モンペリエ博物館**）や民衆芸術・伝統博物館（**フーゴー博物館**）ももっている。

しかし、モンペリエの特性は、大学博物館の数の多さとその価値の高さにこそある。**アジェ[1]美術館**は、十六世紀から十九世紀までの素描と、ティエーポロやフラゴナールをはじめとする絵画のたぐいまれなコレクションを集めた創設者の名前を冠している。**鋳造複製博物館**は、リヨン大学に勝るフランスで最も充実したもので、先史時代のいく系列かの発掘品とともに、ヘレニズムやローマ時代の作品の複製を展示紹介している。一七九四年に創設された**解剖学博物館**は、医者と外科医の養成のために、本物の人体標本や蠟製品など解剖学に関する驚くべきコレクションを集めてきた。最後に、一九七二年に創設された**モンペリエ薬学博物館**は、ラングドックの中心都市が遠い昔から薬学分野に縁があったことを思い起こさせる。

（1）一七五八〜一八三三年、蒐集家〔訳注〕。

コレクションの現在の分布を考えると、首尾一貫した政策の枠組みのもとで、市はさらに多くの努力を払い、未だ検討していない合理的な発展について構想することが必要だろう。

ボルドー

豊かな歴史に加えてゆきとどいた市の政策により、このアキテーヌの主要都市は一群の博物館をもち、それらは並はずれた水準で、考古学、自然科学、装飾美術、古典・近・現代美術など、ほとんどの分野をカバーしている。

アキテーヌ博物館は、市の中心にある旧文学部の建物に散在していた雑多な資料をもとに形成されたもので、一九六二年に着手され、一九九二年に完成している。これは、わが国第一級の歴史・考古学博物館の一つとなっており、先史時代から十九世紀にいたるこの地方とこの都市の全時代の歴史が展開されている。

右岸への移転という野心的な計画を捨てた後、**美術館**は、以後、市役所の建物の二つの翼棟を占めている。**装飾美術館**は、十八世紀の館のなかにあって、隣接する旧刑務所を併合後、趣向を凝らした改装を行ない、たぐいまれなほど優雅な家具、陶器、金銀細工品を展示紹介している。一九九〇年、すばらしいレネ倉庫〔旧ワイン倉庫〕のなかに開館した**現代美術館**〔現代造形芸術センター〕は、フランス第一級のコレクションの一つを集め、開催するごとに国際的反響を呼ぶ展覧会を組織するまでになった。有名なパリの印刷・出版社の版画、写真資料から成る**グピル美術館**は、シャルトロン地区で一九九一年に開館した。

自然史博物館は、興味深いコレクションを所蔵しており、他の市立博物館で実際に行なわれた刷新のための努力をすれば、さらにすぐれたものになろう。

国に所属する**国立税関博物館**は、魅力ある教育的方法でこの古い中央行政庁の伝統と活動を紹介し、兵舎に設置された軍事博物館、戦争、レジスタンス、ナチによる収容生活を思い起こさせる国立ジャン・ムーラン・センター、ボルドー第二大学民族誌博物館、より最近では、今次大戦の巨大な海底基地に設置されたレジャー・ヨット博物館などをあげることができる。

ナンシー

ナンシーはあらゆる点で大都市であり、その歴史的、芸術的、科学的、文化的遺産は、たかだか人口一〇万人強の都市としてはきわめて豊かなものである。博物館が多くあるということは、このような状況の元では有利な条件であると同時に、市の財政にとっては重荷でもある。美術館は、一八〇一年の執政官の政令の第一表から「指定」になっており、その非常に豊かなコレクションを、有名なスタニスラス広場のすばらしいパヴィヨンの一つに収蔵、展示紹介している。野心的な改修計画は遅れたが、工事現場発掘の際、市の最初の城壁跡が発見されたことから、より価値あるものとなった。

わが国で最もよく保存された地区の一つにあって、その中央に何百メートルかにわたり、コルドリエ会の教会と修道院、これらに隣接する旧公爵宮殿に、第一級の三つの博物館がある。宮殿に設置されたロレーヌ歴史博物館は、考古学、装飾美術、純粋美術の豪華なコレクションを通して、この都市とこの地方の歴史を彷彿とさせる。コルドリエ会の旧修道院には、前者とは対照的に、十九世紀ロレーヌ地方の田園生活の非常に完全なイメージを提供している民衆芸術・伝統博物館が入っている。そして、コルドリエ教会は、公爵家の礼拝堂と墓とともに、しばしばロレーヌの「サン＝ドニ」と考えられている。十九世紀末エミール・ガレ〔一八四六〜一九〇四年、ガラス工〕が、動植物相による自然のかたちにヒントを得、芸術と産業とを結合させて装飾美術を革新するために創始した、かの有名なナンシー派は、わが国で最も驚異的な輝きを放つ「アール・ヌーヴォー」の美術館を出現させた。その主要な寄贈者であるウジェーヌ・コルバン〔学芸擁護者、蒐集家〕の住まいに設置されたナンシー派美術館は、「モダン・スタイル」の家具装飾、工芸品、ポスターのすばらしいコレクションをつくりあげている。これら一連のものだけですでにけた外れに充実しているのであるが、フランスでまぎれもなく唯一の地球科学博物館、パリのポルト・ドレの国立博物館に匹敵する水族館をもつ動物学博物館も加える必要があろう。美術館の刷新に加えて、一つ地域圏共同体の関与があっただけで、美術館同様に急を要するロレーヌ歴史博物館の刷新計画が、可能となったことも記しておきたい。

ディジョン

ブルゴーニュ公の古き首都の博物館群は、その建築が記念文化財となっているように、歴史のすばらしさをよく示している。

わが国で最初の美術館四、五館のうちの一つとして設置された美術館は、まさしく公爵家の旧宮殿のなかにあり、これは市庁舎と隣り合わせになっている。その宝物の数々を見るにつけ、市が出費のかさむ他の文化施設の実現にかかりきりになってしまい、実際、わずかの年月で美術館の輝きを増加させた学芸職チームの努力があったにもかかわらず、これを市が、より野心的な刷新によって支える手だてを早急に見出せなかったことが残念に思われる。

伝統的に国によって市の管轄に入れられているこの美術館の館長は、国に属する小さなマニャン美術館の責任を任されている（二四頁参照）。旧サント＝ベニニュ大修道院に置かれている考古学博物館のコレクションは、先史時代から中世までの全時代をカバーし、実に注目すべき品々を擁している。魅力的な**ブルゴーニュ生活博物館**は、創始者の名前から、ペラン・ド・ピュイクザンというが、こんにちでは旧ベルナルダン修道院に収容され、そのコレクションは、特別に優雅かつ魅力的な方法で、しかも復元された商店街で展示紹介されている。博物館は、修道院の教会に置かれている**宗教美術館**に隣接している。最後に「指定」**自然史博物館**であるが、ささやかな、しかし賢明な修復の対象となり、コレクションに新たな魅力が加わった。

もし、「大学」コレクションをめぐってなされている考察が、首尾一貫した計画となって現われてくれば、それは市立美術館の作品群を、**現代美術**の面でよく補完するものとなろう。

リール

人口二〇万弱の都市ということから、リールの博物館を思い起こすことは難しいかもしれないが、リールは一一〇万を超える人口をもつ都市圏の中枢であり、それにふさわしい博物館をもっている。

その慎ましい規模にもかかわらず、ノール県の中心都市は、十九世紀末、最も美しい**美術宮殿**の一つにおいて、明らかにわが国第一級のなかに数えられるべきコレクションに恵まれることになった。美術館は十九世紀末以降、わが国で最も威厳のある美術宮殿の一つに置かれているが、最近全面的に改修されることになり、学芸員チームはみごとにこれを推進し、二人の建築家イボとヴィタールが実施にあたった。

伯爵夫人施療院博物館は、十五世紀から十八世紀にいたるまでに注意深く改修は加えられているが、すばらしいリール風建造物のなかにあって、家具、肖像画、彫刻、陶器のコレクションを集め、最も魅力的な装飾美術館の一つとなった。**自然史地学博物館**は、まれにしか開館せず、緊急な改修が求められているが、岩石、化石、比較解剖学、鳥類学の非常に重要なコレクションを秘蔵している。商工博物館は、これもまた公開はされていないが、過ぎ去った世紀の地方における産業市民階級の力強さと創意の証となっている。それにしても、リールの住民たちは、たしかにその都市圏全体の文化施設の恩恵に浴している。都市共同体が、ヴィルヌーヴ・ダスクの新都市にすばらしい近代美術館を整備し、巨大な公園の中央にロラン・シムネによって建設された煉瓦の建物には、ジュヌヴィエーヴとジャン・マジュレルによる重要な寄贈品が、受け入れられている。このノール県の大都市圏には、トゥールコワンにもう一つ美術館があり、またルーべでは、大部分が箱に入れられたままの一つのコレクションがあり、これは現在改修中の旧市営プールの建物に収まることになろう(1)。

(1) 二〇〇一年、ルーべ芸術・産業博物館が開館した〔訳注〕。

ブザンソン

一六九四年に創設された美術・考古学博物館は、わが国で最も古いものである。それはまた最も豊かなものの一つである。コレクションは近世考古学にはじまり、イタリアのプリミティヴ、フランドル、ドイツ、イタリア美術、さらには十六、十八、十九世紀の偉大なるフランス絵画にまでいたっている。十九世紀の宮殿は、六〇年代の終わりに全面的に改造・改組された。展示紹介の方法はあきらかに新しくなったが、心地よさは保たれている。

コンテ民衆博物館は、民衆伝統の古典的博物館であり、今やこの地域圏全体で活発化しているコンテ科学技術博物館網と連携して活動している。

時の博物館は、カール五世の大臣ニコラ・グランヴェル〔一四八六〜一五五〇年〕のすばらしい官邸で、開館前に予備展示されている段階であるが、教育的かつ独創的な方法で展示紹介すべく、たぐいまれな時計コレクションをつくっているはずである〔二〇〇二年、第一期工事を終了し開館した〕。

レジスタンス・強制収容博物館は、城塞に設けられており、この種のなかで最も豊富で、最もみごとな展示紹介が行なわれているものの一つである。

最後に、ブザンソンには、わが国ではまれなアフリカ美術コレクションの一つを併せもつ**自然史博物館**があることも記しておきたい。

レンヌ

ブルターニュの中心都市は、三つの博物館しかもっていない。

一八〇一年のシャプタル〔一七五六〜一八三二年、ナポレオン一世下の内相〕による政令で設立された美術館は、ブルターニュ議会の議長ロビアン〔一六九八〜一七五六年〕の子息に属し、その後革命期に押収された、非常に豊かな「ロビアン」遺産を付与されたものである。美術館は、十九世紀の中期には大学教育と美術館という二つの目的を併せもつものとして構想された建物に置かれた。その後、どの学部も外部に移り、力強く発展する一方、六〇年代には典型的な**民衆芸術・伝統博物館**が建物の一階に整備された。このブルターニュ博物館は、建設中の「新文化施設」のなかに入る予定であり、そこでは、大いに若返った展示紹介を見ることができよう〔二〇〇三年現在、工事中〕。

そうなれば、美術館は改良の余地はあるものの、非常に広い空間のなかで、豊富な美術コレクションを一段と調和のとれた形で展開することができよう。市の周辺部には興味深い**レンヌ地方エコミュゼ＝ラ・バンティネ**があり、ブルターニュ博物館の活気ある別館をなしている。

カン

ノルマンディーの中心都市は、かつての「指定」博物館を二館もつ唯一の市である。ともに征服王ウイリアムの城の頑丈な城壁内にある。

一九七〇年に開館した美術館は、二〇年後には野心的な刷新を行ない、最良のコンディションで、そのすばらしいコレクションを展示できるようになった。ノルマンディー博物館は、城の支配者たちの昔の住まいにあり、最近増改築が行なわれたが、考古学、民族誌学、装飾美術の非常に重要なコレクションを擁している。

市はまた市の中心から遠くない大公園のなかに平和記念博物館を創設し、コレクションによるよりも視聴覚の設備・資料によって、厳密でありながら心を打つような手法で、前大戦とノルマンディー上陸作戦を思い起こさせる。

＊　＊　＊

アミヤン、オルレアン、ポワティエの三市は各地域圏の中心都市であり、つねに「指定」博物館のリストに登載されている注目すべき博物館をもっている。

一九六〇年代に刷新されたサント＝クロワ・ド・ポワティエ博物館は、考古学、民族学、美術の三分野から成っている。大聖堂の傍ら、最近のものだが特徴のない建物に設置されたオルレアン美術館は、フランスで見ることができる最も美しい絵画コレクションの一つを収蔵している。最後に、ピカルディー博物館であるが、アミヤンにあって十九世紀の大建築のなかに設立され、その刷新は多くの英知をかたむけ趣向を凝らして進められ、一九九〇年代のなかばに完了している。博物館は、考古学とともに、美術の諸分野、とくにすばらしい十八世紀絵画と注目すべき彫刻室に、きわめて価値のあるコレクションをもっている。

「指定」博物館は一館もないが、その他四つの地域圏主都についても言及する価値がある。

リモージュ

十八世紀末、司教の邸宅として建てられたバラ色の花崗岩の宮殿に、考古学、**エマイユ**、**絵画**のコレクションを擁している。この都市には、**アドリアン・デュブーシェ・セラミック美術館**（三六～三七頁参照）があり、こうした国の施設をもつ地域圏の中心都市はほかにアジャクシオ、ディジョンだけである。

シャロン＝シュル＝マルヌ

シャンパーニュ＝アルデンヌ地域圏の行政上の中心都市が管理運営しているものに、つつましい規模の市立考古学・美術博物館、一八九九年、シャロンの篤志家が遺贈し、またみずからの手で整備した司教領守護職旧邸に開設された**ガリネ博物館**、さらに、彫像付き円柱のある稀有な遺跡を発見した現地で展示するため、一九七八年に開館した**ノートル＝ダム＝アン＝ヴォー回廊博物館**がある。さらに伝統工芸院の一種である**アルゴンヌ博物館**と一地方協会が運営している**軍事史博物館**をあげれば、行政的には輝かしい過去をもちながら、現在は中位にある都市に見合った博物館群をもちあわせているといってよかろう。

ランス

地域圏の文化的中心都市がランスであることは明白で、三つの博物館はいずれも第一級のものである。**サン＝ドニ美術館**は、旧サン＝ドニ大修道院に置かれ、不幸にもきわめて時代遅れで不便な状況のもとにあるが、フランスでもたぐいまれな絵画コレクションの一つと、すばらしいセラミックのギャラリーをもっている。これもまた旧修道院に置かれているのであるが、**サン＝レミ博物館**は最近改修を行ない、その考古学、軍事史コレクションの豊かさはさらに引き立つようになった。

彫刻・戴冠美術館は、「パレ・デュ・トー」[(1)]と呼ばれている大司教館に置かれ、おそらくわが国で最も美しい宝石美術館である。文化財局の学術的後見の下に置かれ、宝石美術館、戴冠美術館の「ネットワークの要」になる資格が充分にあろう。

（1）タウ・クロス。サン＝タントワーヌの十字とも呼ばれ、巡礼杖の握りの形に由来するものとされている〔訳注〕。

クレルモン＝フェラン

旧モンフェラン地区と市北部の新開地区の間にある旧修道院で、憲兵隊兵舎となっていた建物に、市が散在していた美術品コレクションを集めることを決めたのは、一九八〇年代の初めであった。アドリアン・ファンシルベールによって優雅に整備されて、一九九二年に一般公開され、地方の考古学、装飾美術、絵画から成るそれなりのコレクションを価値あらしめている。美術コレクションから分離され、市の中心部のすばらしい場所に置かれた**バルゴワン博物館**は、たぐいまれな考古学コレクションを中心とした博物館として、再整備するはずであった。しかし、市は方針を変え、博物館評議会によって認められていなかった、絨毯のコレクションをそこで展示することを決定した。一方、**ランケ博物館**では、さしたる条理もなく、象牙とエマイユのコレクション、パスカルの計算機、地方の民族誌室を公開している。端的にいえば、首尾一貫した再整備計画が一九八〇年に企画され、このように途中で中止されてしまっていることが惜しまれる。

アジャクシオ

「指定」博物館のなかには数えられなかったが、**フェシュ博物館**は、かねてナポレオン・ボナパルトの叔父、枢機卿が収集した尋常ならざるコレクションをアジャクシオに集中したもので、これは八〇年代には修復のうえ、展示紹介されている。さらにコルシカ島の中心都市には、二つのナポレオン博物館があるが、これは驚くには当たらない。一つは市庁舎そのもののなかにあり、他はボナパルト一家の生家にあり、国によって整備されている。(三五頁参照)

＊　＊　＊

ここ何年かの間に、博物館に関して、首尾一貫して担当する組織を置く都市が増えてきた。市の博物館局(マルセイユ、ニース、ルアン、ストラスブール、サン＝テチエンヌ、アミヤン、ナント、最近になってボルドー)は、それぞれにちがいのある権限を与えらえているが、まだときおり制約されることがある。すなわち(ナントの場合を除いて)市立自然史博物館が権限外に置かれるわけで、当然のこととして県立、協会立、私立の博物館がそうであるのとは別次元のことである。

ともあれ、人びとの博物館に対する関心の増大や国の支援、そして都市による博物館への投資の大きさ、これらのことが相まって、都市が、コレクションの合理的な展開の長期計画を策定し、全体的な文化政策の枠組みのなかで、市民、都市圏住民、さらには観光客にも向き合った、より組織的な展開を実施に移す機運が徐々にでてきつつある。

＊＊＊

これまでに言及してきた大都市以外にも、数えきれない中小の都市、さらには農村でさえもが、時を追うごとに非常に重要なコレクションを受け入れ、あるいはつくりあげ、わが国の最も濃密な文化網を形成してきている。

並はずれて重要な博物館群をもつ中規模都市もいくつかある。**ラ・ロシェル**[1]、あるいはまた施設群全体が市立、協会、私立を合わせると十いくつもの博物館があるが、その大部分が協会立のものであるが、毎年数十万人もの来訪者を惹きつけている産業のためのもので、**ミュルーズ**[2]がそれである。

(1) 美術館、新世界博物館、オルビニー＝ベルノン博物館、自然史博物館、海洋学博物館、ロボット博物館、模型博物館、第二次世界大戦博物館、プロテスタント博物館、小瓶・香水博物館、グレヴァン「博物館」。

(2) 自動車博物館、鉄道博物館、電気エネルギー博物館エレクトロポリス、プリント地博物館、産業セラミック博物館、消防士博物館、ミュルーズ産業協会鉱物学博物館、歴史博物館、美術館、サン＝ジャン礼拝堂宝石博物館。

しかし、小都市も大きな宝庫を秘蔵していることがある。地方の蒐集家が、自分の情熱の成果を地方自治体に遺贈する場合がそれである。住民が一万人に満たないオート＝ソーヌ県にある小郡の小さな小郡庁所在地グレーのように、十九世紀に市長であったマルタン男爵は、興味深いコレクションを市に遺贈した。これはその後、とりわけ会計検査院室長アルベール・ポム・ド・ミリモンドによってより豊かなものになった。同様に、ニエーヴルでは、人口一六〇〇の小郡の小郡庁所在地ヴァルジーで、オーギュスト・グラッセ〔蒐集家〕から、エジプト考古学、オセアニア・アフリカ・アメリカ民族誌学、武器、陶器、楽器、絵画、素描から成る驚くべき百科全書的コレクションの寄贈を受けた。これらは、最近完全に改装した建物で展示紹介されている。こうした不安定な遺贈とは別に、十九世紀末には、小郡庁所在地に組織的に百科全書的博物館を置き、これらを当時実現していた地方自治体（コミューン）立学校網に統合しようという運動が展開された。このような「産業、農業、衛生、家庭生活に有用な知識を広める」ことを目的とした小郡博物館は、何十年もの間続く大きな波長の運動をよく知っていたし、多くのものが、われわれの時代にまでもちこたえてきた。その第一のものは、一八五四年、バニョル＝シュル＝セーズに画家レオン・アレーグル〔一八一三〜八四年〕によって創設された。しかし、典型的な博物館がエド・グルーによって創設された場所は、リジュであった。なんと、市は、多分その固有の歴史を知らなかったのであろう、一九七〇年に博物館を閉じて、その建物を図書館に譲り渡してしまったのである。

近年、考古学や、農業もしくは産業にかかわる民族学の博物館が成功を収めており、小都市や農村の博物館の発展に拍車をかけている。どの時代のものであれ、考古学的発掘はしばしば現在の都市網の外でも、町や村においても、重要な施設を生み出し、同時に博物館はその地域の主要な吸引力もつ場となる。

これは同時に、大がかりな経済活動をしないで村落が活気づくチャンスでもあり、他方、財政的負担という困難を強いるものでもある。

＊＊＊

こんにち、博物館運営へのかかわり合いがまだ比較的薄い県が、徐々に援助を求められているのは、そのためである。

すでにさまざまなカテゴリーや重要性をもつ六四の博物館が、諸々の学問分野で県議会に所属するところとなっている。

考古学――ナントのトマ・ドブレ博物館（ロワール＝アトランティック県）、ルアンのセーヌ＝マリティーム県立古代博物館、アラス考古学博物館（建設中）（パ＝ド＝カレ県）……。

先史――ヌムール博物館（セーヌ＝エ＝マルヌ県）、ソリュトレ博物館（ソーヌ＝エ＝ロワール県）、サルテーヌ博物館（コルス・デュ・シュド県）、グラン＝プレシニー博物館（アンドル＝エ＝ロワール県）、ブゴン博物館（ドゥ＝セーヴル県）……。

民族学、科学技術――カンペールのブルトン博物館（フィニステール県）、ルエルグ博物館（アヴェイロン県）。

古代、近・現代美術館――エピナル美術館（ヴォージュ県）、ムーラン美術館（アリエ県）、カトー＝カンブレジのマティス美術館（ノール県）、サン＝ジェルマン＝アン＝レーのモーリス・ドニ美術館、ロシュシュアールの現代美術館（オート＝ヴィエンヌ県）……。

歴史――ペロンヌの大戦歴史館（ソンム県）、ヴィジーユのフランス革命博物館（イゼール県）、ヴィルキエのヴィクトル・ユゴー博物館とプティ＝クロンヌのコルネイユ博物館（ともにセーヌ＝マリティーム県）……。

自然史――ナント自然史博物館……。

二六の県は、一つもしくは複数の施設を運営するにとどまらない。国の支援も増え続けている中で、県の博物館の学芸部門が設置されると、これらは直接または、協定によって地方博物館の運営を保証し、あるいは保存という伝統的使命のみならず、文化の普及という新しい機能に関してそのネットワークをうまく調整しつつ、技術的な支援を行なうのである。

新しくできた公共団体である「地域圏」は、ほとんど博物館をもっていないし、この分野で明白かつ総合的な政策を練り、実行に移したものはまれである。

それでも、一九八一年には、地域圏博物館資料収集地方基金が創設され、その結果ほとんどの地域圏が、コレクションを豊かにするための注意を怠らないようにする必要性を考慮するようになった。そのうちいくつかの地域圏では、おおむね地域圏学芸員協会のイニシアティブによることが多いが、多くのサービスを共通化することに関心を寄せはじめた。このようにして、ノール＝パ＝ド＝カレ地域圏は、所蔵品目録と管理のための情報システムを構築し、同時に、当該の二五の博物館間で調整して刷新計画を開始している。

IV　私立博物館

国や地方公共団体に属する博物館は、確かにフランスの大多数の博物館を代表するものではあるが、「その他の博物館」も看過できない。そのなかのあるものは、コレクションの名声や、コレクションを管理運営する親機関のもつ影響力も作用して、これらが過小評価されないようにするのに役立っている。

1 財団博物館

芸術家や蒐集家がもつ作品を、永続きさせようとする意志により財団がつくられる。厳しい規定は、コレクションを完全な形で持続させることを意図したものであるにもかかわらず、寄贈者や権利継承者は、出資からの利益により自主性が恒久的に保証されるような機関と受けとりがちであった。（一九八七年と一九九〇年の法律ができるまで）財団の規定は法的にはないまま、何十という博物館が、こうした定義に対応したものとなっている。それは（とくにフランス学士院のように）それ自身自治のある機関や地方公共団体によって運営されるか、あるいは運営上の真の自治を追求するかであるが、機関の維持を保証する充分な収入が得られるような寄贈はまれである。これに対して、多くのものは、長期的にはその運営を困難にする義務や制約を課せられる。博物館の管理とはそういうものである。

学士院の博物館群――多様な領域に拡がる学士院の博物館は、コレクションの展示紹介の不変性に執着し、国や国の学芸員に対して警戒の念を懐いていることが多い、所有者たちから遺贈された特別の古いコレクションから成っている。

シャンティイ――一八八四年、オーマル公爵（一八二二～一八九七年、歴史家）が、シャンティイの贅沢な領地とそこにある並はずれて豊かなコンデ美術館を遺贈したのは、「フランス美術のすべての分野と、栄光の時代のわが祖国の歴史について、完全かつ多様な金字塔を形成しているこの作品群をフランスで保存する」ためである。この絵画の驚異的なコレクション、ルーヴルに次いでフランスで二番目のものは、主としてイタリアとフランスの第一級の傑作一〇〇点以上を含んでいる。コレクションは、一二〇〇点の素描、とりわけフーケのものを含む三〇〇〇点以上の手書き細密画、五〇〇〇点の水彩画、彫刻、セラミック、貨幣とメダル四〇〇〇点、それに四万冊以上の書物をもつ図書室も同時に備えている。遺贈の文言からすれば、作品は、移動することも、貸出すこともできない。折あるごとに国の財政支援は求められているが、国のあらゆる介入に対する慢性的不信につながるこうした絶対的な制約のゆえに、学芸員団の努力にもかかわらず、コレクションはいわば放任に近い状態に置かれていたわけである。さらに、この美術館が、その一部をなしている領地の法的性格が、はっきりしないままであることに注目したほうがよい。領地は一財団のように見えるが、それは「公施設法人」の規定に従って管理運営されているのである。

ジャックマール＝アンドレ〔美術館〕——エドゥワール・アンドレ〔一八三三～一八九四年、美術愛好家〕とその夫人ネリー・ジャックマールのコレクションは、一九一二年、夫人の死に際し、学士院に引き渡された。コレクションは、エジプト、ギリシア、ローマ美術を物語る貴重な品々のほか、イタリア・ルネサンスと十八世紀フランス、オランダ美術の多くの作品を集めている。イタリアから持ち帰ったティエーポロのフレスコ画がパリのオスマン大通りの豪華な館を飾っており、圧巻である。

ボワリ通りの館〔マルモッタン美術館〕（パリ一六区）は、一九三四年、ポール・**マルモッタン**〔一八五六～一九三二年、歴史家、蒐集家〕により、その作品とともに遺贈された。コレクションはゴシックとルネサンスの作品のほか、第一帝政時代の家具、工芸品一式を含むが、何よりも印象派の一大作品群であり、中には一九八五年、盗難に遭い何年か後に見つかったモネの有名な《印象、日の出》もある。一九七一年以降、地下の一室には、ミシェル・モネの遺贈品を受け入れ、これら一五〇点を超える印象派絵画の三分の二はクロード・モネの作品である。

全般的にいえば、学士院の博物館は、寄贈者から課せられる制約と同時に、近年まで往々にして行なわれてきた古風な運営方式に起因する、きわめて重要な問題をこの由緒ある機関に提起しているのである。地方公共団体に連繫して運営されている財団は、必ずしも多くはないが、ここでは二つに限って言及しておこう。一つは非常に古いものであり、もう一つは設立途上のものである。

アヴィニョンのカルヴェ博物館は、おそらく財団博物館の性格を最もよく表わした歴史的典型である。すなわち、一七二八年アヴィニョン生まれの医者にして博学の考古学者、エスプリ・カルヴェは、一八一〇年、才能と情熱で作り上げた古美術品とメダルの驚くべき一室と充実した図書館を遺贈したのである。

一八三五年にヴィルヌーヴ・マルティニャン館に置かれたが、博物館はすぐに手狭となり、一九二八年にモンロール館、一九三二年にはイエズス会の礼拝堂、さらに一九四二年と一九六〇年に二つの新しい建物を市から購入した。それでもまだ場所が狭すぎることから、アヴィニョンのコレクションの全体的再編成計画に着手することとなった。一九六八年には先史博物館が開館した。前世紀に帝国博物館によって収集され多くの地方自治体博物館の間で分けられた、カンパーナ・コレクション[1]のイタリアのプリミティヴ三〇〇点をはじめとする中世・ルネサンスのすべてのコレクションは、一九七五年に再編して「プティ・パレ」に置かれた。イエズス会内に図書館が出ていくことで再編成が完了して、博物館に割り当てられる面積が倍増し、(国によって配置された)館長、財団、市の間の鋭い対立によって、妨げられることの多かった刷新にとりかかることができるようになった。投資的経費と運営費のほぼ全額を負担する市は、とりわけ十九世紀末に博物館は「公施設法人」となったので、その管理運営に関する権威を奪われたと見ており、これ以降財団も有力者が結束し、市の方針に反対しているのである。実際、経営責任と財政責任がちぐはぐなこうしたシステムでは、どう見ても、あまり満足の行く結果にならないように思われる。

（1）一八〇七〜一八八〇年、ローマ生まれの侯爵〔訳注〕。

バンベルク財団〔美術館〕――アルゼンチンへ移住した裕福なドイツ人家族で、直系の子孫のいない相続人、ジョルジュ・バンベルクは、フランスで研究生活をした後も、しばしばそこに滞在して、フランスとの緊密な関係を維持し続けていた。あらゆる形式の芸術的創造に対する感性をもっていた彼は、古・近代絵画、古ブロンズ、十六、十七世紀の諸工芸品などのすばらしいコレクションを作りあげている。公共団体について思い迷った末、一九九四年、アセザ館にコレクションの受け入れを提案したトゥールーズ市の申し出に感じ入りこれを受け入れた。

財団の規定では、一二人のメンバーから成る理事会を置き、創始者が理事長を務め、また市は二議席しか確保しない、と定めている。団体事務局は館長と職員の任命権をもち、その長は、財団予算の投入について最も大きな権能をもつことになろう。いくらかの土地建物が寄贈される。しかし、運営による収益が、投資的経費や運営費をカバーすることは保証されない。ここで改めて、このように法律上の責任と実際の財政上の責務を分離することにより、結局は、対立して動きが止まることにはならないであろう。

独立採算の財団――まれではあるが、コレクションを独立して運営するための財政的手段を手に入れる努力をしている財団もいくつかある。財団を創設した大画商エーメ・マーグとその夫人は、その最も模範的な例証である。一九六四年、サン＝ポール＝ド＝ヴァンスにあるホセー・ルイス・セルト〔一九〇二年〜、建築家〕のすばらしい建物に設置された**マーグ財団**〔美術館〕は、コート・ダジュールでもきわめて有名かつ来観者の多い美術館群にあって、近・現代の美術コレクションを運営している。資本はささやかなものであるが、この施設は、固有の資源を活用する努力をしており、展覧会を中心とした収益が、その主要な部分を構成している。このような規範が、とりわけ拘束力の大きなものとなるのは明らかであり、経済的に困難な時期には、なおいっそうのことである。しかし、創設者による任命以来、順次現職による新任者の選考というかたちで選ばれる八名、アルプ＝マリティーム県知事、文化大臣の任命による二名で構成される理事会は、これを尊重するように努力している。(1)

（1） 法人格を与えられた財団で、みずからに所属するコレクションを恒常的に展示しているもの――パリでは、カルティエ、ディナ・ヴィエルニー、ダッペル財団、パリ近郊では、クラマールのアルプ財団、サン＝レミ＝レ＝シュヴルーズのクーベルタン財団、地方では、サン＝ポール＝ド＝ヴァンスのマーグ財団、サン＝レミ＝ド＝プロヴァンスのプラッシーノ財団などがある。

2 協会博物館

協会博物館は、コレクションの性格や、資力の大きさからみて、きわめて異質な要素から成り立っている。図式的にいえば、財源のうちほとんどの部分を公権力によって保証されている見せかけの協会と、メンバーの積極的な参加のうえにのみ成り立つ協会があり、これらを注意深く区別しなければならない。

装飾美術中央連合は、ガンベッタ内閣の美術工業大臣アントナン・プルースト〔一八三二～一九〇五年、作家、政治家〕によって一八八二年に創設された。企業家、蒐集家、専門家が集まり、協会は、当初より公益法人となって、「実用のなかの美」を創り出すために美術と産業を結びつけることを目指した。一世紀も前から協定によって国と連携しており、これは定期的に更新されている。協定は連盟固有の資源についてこれをさらに増加し、コレクションを活用するためのあらゆる支出を保証するものとされている。実際、誰の目にも明らかな努力を払っているにもかかわらず、協会は、運営費の主要な部分、投資的経費のすべてを国家予算から引き出している。

一九〇五年に、ルーヴルのマルサン翼に設置された連合は、四つの美術館（装飾美術、モード・テキスタイル、広告、ニッシム＝ド＝カモンド）、一つの図書館、三つの学校を運営している。

理事会は、規定によるものと選出されたもので構成されている。

アンリ・ラングロワ映画博物館（シネマテーク）——映画博物館は一九七七年に、国立シネマテーク（大部分を国の補助金に頼り国の監督をうけている協会）のなかに、アンリ・ラングロワ（一九一四～一九七七年）が提案して創設され、「あらゆる国における、始まりからこんにちまでの映画の生きた歴史」に関係ある約五万点を擁し、その一〇分の一のみが公開されている。ポスター、映画前史を物語るもの、幻灯機、映写機、ミニチュア・セット、スタジオやセットの復元、衣装などまったく類をみないコレクションが、シャイヨー宮の地下に置かれている。パレ・ド・トーキョーの「映像の殿堂」の創設に関連して構想されている大規模な刷新計画が検討されている。

支出を担う国と協会評議会との間で頻繁に起こるいざこざは、管理運営方式の難点をよく示している。

真の協会博物館——協会博物館の運営方式は、わが国の地方に数多くある学会との関連において、前世紀に大きく発展した。そしてアヴィニョンのカルヴェ財団のように、法律的現実やとりわけ財政的現実にもかかわらず、みずからの自治の伝統に根ざした活動を展開することに成功したものだけが生き残った。

協会による管理運営は、この何十年かの間に、とくに、国や地方公共団体が自発的には大きな動きを示さなかった領域で、新しい発展を記録した。

前にも記したように、明細報告を出すのは難しいことではあるが、博物館局の監督下には約一五〇の協会博物館が数えられ、その半分以上はエコミュゼ、技術・産業博物館、歴史博物館である。

実際、この種の博物館の多くは、地方公共団体と密接に結びついており、これが補助金、すなわち、投資的経費と管理運営費を、程度の差こそあれ徹底して負担するかたちで、定期的に支援している。地方公務員とその学芸員がいることが、結局、国による認定の条件である限り、地方公共団体との接近が強化されざるをえないことは明白である。

しかしながら、国によって認定された博物館以外に、活動推進者たちの積極的な参加だけで運営されている小さな協会博物館が数多く存在する。行政監査対象となる協会博物館が最も多い（一五館）アルザスのように、小さな農村の集落にも、その団結力や輝きという重要な要素をよく示す何十という小さな地方協会博物館をもつところもある。

協会博物館のうち「行政監査対象となるもの」というカテゴリーだけにとどめてみても、機関の大きさ、それにかかわるコレクションの規模は、大いに異なる。協会活動が多く、また、古くからあることを考えると、最も偉大な協会博物館を見出せるのは、疑問の余地なく、もう一度アルザスということになる。たとえば、ミュルーズでは、国立自動車博物館、鉄道博物館、電気エネルギー博物館〔エレクトロポリス〕、壁紙・プリント地博物館が、すべて協会形式で運営されている。

一般的に言って、これら協会の多くは、その責任をもつべきコレクションの重要性や性質がどうであろうと、必要な財源を地方公共団体に定期的に求めざるをえなかった。なぜなら、加入の自由に基づき、しかも積極的な参加の上にのみ依拠する協会の制度は、何十年もの間に、博物館の管理運営の前提として必要な一貫性と持続性という要請に適っていないことを認めざるをえないからである。

3　企業博物館

近隣の多くの国にくらべれば、フランスでは、数は少ないが企業博物館は、近年増加の傾向にある。そのうちの多くのものは、これまで繁栄していた企業や産業の消滅にその起源を見出すことができる。過去二〇年の間に創設された鉱山、製鉄、金属工学博物館の場合がそうである。長い間隣国ドイツとは逆に、わが国では、大企業は博物館を作ることに積極的でなかった。ところがこんにち、さまざまな動機に対応して一つの運動が姿を見せ始めているようである。ただ単純に過去の製品の証拠を保存するだけということもありうる。しかし、企業の社会的団結を強調したり、あるいは現在の製品のためにショーケースを提供しようという配慮が、方法として欠けているわけではない。自動車博物館は、コレクションの創始者が多様な動機をもつことのよい例である。蒐集家の事情でのみ方針が決まる博物館が一〇館ほどあるが、ほかに、メーカーに結びついている二例がある。ヴェニシュで、会社の車のコレクションを展示紹介するように導いたのは、ベルリエの工場長の情熱である。ソショーで、工場の近くに八〇年代の初めに建設された博物館は、プジョー社の製品の完全なパノラマを提供している。博物館は、従業員やその関係者以外にも、外部から多数の来訪者を受け入れている。

高級品産業の領域では、エルメス本舗が、フォーブール・サン＝トノレの店に、同社およびそのライバル企業の製品の魅力的なコレクションを集めている。一方、カルティエ本舗は、現代美術のための財団を設立する道を選び、はじめ（ヴェルサイユの）ジュイ＝アン＝ジョザースに置かれ、のちにパリのラスパイユ大通りに設置されている。

公営企業も比肩できるような運動に参入している。パリでは、公共援護会がケー・ド・ラ・トゥールネルのみごとなミラミオン館に魅力的であると同時に教育的な博物館を運営している。郵政の博物館は、企業によってヴォージラール大通りの新しい建物に置かれて整備された。一方、パリ交通営団旧職員協会は立派なコレクションをつくりあげているものの、企業からの支援はぎりぎりに制限されており、サン＝マンデの仮施設で不安定な状態のまま置かれている。

大抵の場合、企業は高くつき過ぎる負担を保証しなければならないという危惧と、広報政策のなかに博物館をとり込みたいという意志の間でバランスをとり続けているのである。ただ、企業の当面の商業目的の観点からみても、何らかの自主性を必要としている真に学術的な事業を支援する用意のある企業は、まだあまりにも少ない。

なお、リコンの織物史博物館と装飾美術館のように、商工会議所で運営する博物館も挙げなければならないだろう。

4　商業博物館

最後に、それ自体が商業的に採算があうかどうかの基本原理や制約に従う、企業そのものと見なされる博物館の場合を思い起こしておいた方がよかろう。

わが国でも多くの地方で、いくつかの事例がよく引き合いに出される。いずれも、厳格な保存や、教育的展示紹介といったことがおのずから要請される真の博物館と見なすには値しない。しかしながら、何人も、この言葉を使ったり、濫用したりすることをさえぎることはできない。

このようにして、その名前にもかかわらず、グレヴァン「博物館」は、恒久的なコレクションは何一つ保存していない。これは一八九二年、日刊紙『ル・ゴロワ』の社長、アルチュール・マイエと同紙の有名な風刺画家アルフレッド・グレヴァン〔一八二七〜一八九二年〕の発意によって創設され、当代の名士をほうふつとさせる蠟人形の演出が行なわれている。博物館は一八八九年に地下室を整備して、百周年を祝うフランス革命の光景を再現した後、その展示はフランスおよび世界の歴史に及んでいる。一八九二年には、株式を上場した私企業グレヴァン「博物館」は、地方（モン＝サン＝ミシェル、トゥール、ラ・ロシェル、サン＝ジャン＝ド＝リューズ、ルルド、ディジョン、サロン＝ド＝プロヴァンス）にも数館の施設を誕生させている。

第二章　コレクションと博物館の種類

わが国の博物館の行政上の区分と法的立場の多様性をもってしても、博物館が所蔵するコレクションの奥深いまとまりをカバーしきれるものではなかろう。美術コレクションの基本的なものは、国に属する美術館か、国の学術的統制下におかれている地方自治体の美術館にある。しかし、フランス学士院のコレクションもまた考慮に入れるべきであり、全体の紹介のなかでそれを落とせば、われわれの文化財のイメージを大幅に損なってしまうことになろう。自然史博物館は、わが国の鉱物学や動物学などのコレクションの大部分を保存している。しかし、市町村のいわゆる考古学博物館や美術館にも、一連の重要なものがある。それを研究、保護、利用する人は、そこにしかるべき興味を思い描くことができているのであるが、それは、コレクションのさまざまな種類についての正確な知識と結びついている。一方、知識は、その組織化の態様が多彩であるのみならず、非常に多くの障害に突き当たる。分類の原理の多様性としては、美術作品であれ、民族誌資料としての日用品であれ、自然史標本であれ、「もの」の性質によるもの、時代によるもの、地域によるものがある。こうした原則そのものに従ったところで、振り分けには不確かさがつきまとう。どこまでを「美術品」と言い、どこからを「装飾美術」と言うのだろうか。近代美術と現代美術の境界をどこに置けばよいのだろうか。科学技術にかかわる一連のものを、民族誌資料からどのように区別するのだろうか。

結局のところ、所蔵品目録が不充分なのである。これを作成し、美術作品のアトリビューション〔どの作者のものかを明らかにすること。帰属〕やあらゆる性質の「もの」を定義し、移動状況を確認するなど、つねに改訂しつづけることは、頻繁に不足しがちなスタッフにとって大変な仕事になる。フランスの博物館のさまざまなコレクションを、組織的かつ網羅的に紹介した書物がほとんどないのは、こうした要因によるのである。

I 美術館

多様な博物館のなかで最初のグルーピングとしての美術館は、十九世紀前半からフランス全土に編み目のように拡がり発達してきた。確かにこんにち、美術館はわが国の博物館総数の半分も占めてはいないが、コレクションの大きさと豊かさ、改修された設備の質、展覧会の華やかさ、新収作品の評判などによって、今日的意義を提供しつづけているのは、ほとんどの場合美術館なのである。ここではコレクションの出所や正確な分布の詳細[1]には立ち入らず、その大きさや多様性を感じ取ってもらう方が役に立つであろう。

(1) とくにジェルマン・バザンの古典的著作と巻末の書誌欄に挙げたK・ポミアンの古典的著作を参照。

1 「古典的」美術館

王室のコレクションから出た絵画、彫刻、素描の大作品群は、国家と大規模寄贈者によって絶えず豊かさを増し、ルネサンスから十九世紀なかばにいたる諸時代、諸流派の一大パノラマを提供している。ルーヴルはその最大のよりどころである。

	目録記載作品	寄託作品
絵画	一四三五〇	七〇〇〇
彫刻	五七〇〇	五〇〇
素描	一〇六〇〇〇	二三〇〇

地方美術館の大部分は、これを手本にして計画された。美術館のうち最も大きいもののいくつかが、とりわけこれに当たり、共和暦九年実月十四日（一八〇一年九月一日）の政令によって作成した表に由来している。これによって第一執政官が、国の寄託品を受け入れる使命をもつ施設を計画したのである。

わが国の美術公共コレクションは、言葉のあらゆる意味において、またとりわけそれらのコレクションのもたらした仕事ではあるが、それらの調査がまだ完全には成就されていないという意味において、計り知れない宝庫を形成している。これらすべての博物館が、網羅的で一貫した明細目録をもっているわけではないし、刊行された目録などはもっと少ない。一九五〇年代の終わりには問題を意識し、「地方博物館監査」により、『フランス公共コレクション明細目録』の野心的な事業に着手した。以来、そのうちの何十点かが刊行された。しかし、このようなリズムでは、資料全体をカバーするには、明らかに何世紀もかかってしまう。これを情報学の展開が一九七〇年代なかばに引き継いだのである。このようにしてデータベース、ジョコンド（Joconde）は、ルーヴル、その他の国立美術館の何千という作品、それに他の美術館のコレクションをも徐々に、まだごく部分的ではあるが、まとめている。

(A)絵画コレクション——十三世紀末から十九世紀中頃まで、七〇〇〇点を超すヨーロッパの作品をもつルーヴルは、わが国最大のコレクションを保存しており、これは世界で最も巨大なものの一つである。フランス絵画がそこで抜きん出ているのは当然のことであるが（目録の三分の二以上）、同時に最も百科全書的な幅広いコレクションとなっている。これは王室コレクションの最後の責任者たちが標榜したように、フランス、イタリア、北方画派をくまなく概観できるように作品を集めようとした意志により、一挙にそうなったものである。さらに、帝国の戦争によって蓄積された莫大な戦利品がかかわっていることもまた明らかである。一八一五年の作品返還後、とくにスペイン、ドイツ、イギリス絵画に関して欠落を埋める学芸員の忍耐強い努力があり、こんにちのようなものとなっている。

一九八六年以降、一八四八年から一九一四年までに制作された作品はオルセー美術館で展示紹介されている。これは時代による分類という解決策に従ったものであり、クールベとクチュールを隣り合わせに置くとともに、絵画と彫刻を組み合わせて置いている。もちろん、両者が混ざり合わないようにしながらであるが。

まれな例外を除けば、ルーヴルとオルセー以外の絵画公共コレクションの歴史は、一八〇一年、最初の一五の「指定」博物館の間で八四六点を分かちあったことに始まる。何万という作品が、二世紀の間に加わり、この最初の糧が実り豊かなものになっていった。作品は自治体の固有の努力からもたらされたり（ナント市は、カコー資料を一八一〇年から受け入れている）、ルーヴルの寄託品のままであったり（ルーヴルのコレクションの半数近くが、こんにちでは同館の展示壁面外にある）、大寄贈者の寛大さに負ったりしながら、すべてはルーヴルにならって、時代と画派の多様な資料構成にいろいろなところで貢献した。[1]

（1）地方における絵画コレクションの概要を知るには、ジャン・ヴェルニエ＝ルイス、ミシェル・ラクロット共著『フランスの大小美術館・博物館』一九六二年刊。（対象はフランス絵画）残念ながら未見、『フランス美術館の絵画千点』ガリマール／ボザール、一九九三年。

百科全書的コレクションの最大級のもののうち、厳格な格付けとしての順番ではないが、リヨン、リール、ディジョン、ルアン、ナント、ナンシー……を挙げておかなくてはならない。

しかしながら、わが国の美術館の他のものも、大きなコレクションや豊かな主要作品群を蔵しているものが多い。こうしたことはじっくりと見ていけばわかってくることである。

とりわけこの三〇年来、博物館監査の協力のもと、国立博物館連合が組織する大展覧会は、少しずつではあるがフランスの博物館のこうした宝物の調査が進んでいることを示している。「レンブラントの世紀」（一九七〇年）、「ルーベンスの世紀」（一九七七年）、「十七世紀のイタリア絵画」（一九八八年）、「偉大なる世紀〔ルイ十四世の時代〕」（一九九二年）……。これらの大展覧会は、複雑な歴史地理を浮かび上がらせるものとなっている。たとえば、ブルゴーニュとフランドルの旧都ディジョン〔ブルゴーニュ大公国はフランドルまで版図を拡げていた〕は、北方の「プリミティヴ」〔北方ルネサンス以前、すなわち一四五〇年頃より前の絵画〕の重要なコレクションを保存している。同様に、わが国のノール県とピカルディーの美術館を訪れれば、十七世紀フランドルの巨匠たちの絵画二〇〇〇点以上に出会うことができるのは、理の当然である。もっと広く、わが国の多くの美術館において十八、十九世紀に活躍した地方画派の生命力の足跡をたどることができるのである。

しかし、ルーヴルの寄託品に支えられながら、学芸員たちの努力は、つねに百科全書主義を目指した。

一人の有名な画家の名を戴いている美術館でさえ、コレクションをその画家の作品に限ってはいない。たとえば、ペルピニャンのイアサント・リゴー、モントーバンのアングル、モンタルジのジロデ、カストルのゴヤ、オンフルールのブーダン、バイヨンヌのボナなどの美術館がこれにあたる。実際、一つのテーマに絞った美術館を長い時代を通して生きつづけさせることは非常にむずかしい。最も有名な画家たちの作品は、明らかに美術市場にかけられることはまれであるし、あまり有名でない画家の作品は、美術館の輝きを持続するにはふさわしくなく、美術館離れにさらされる。

したがって博物館局が、さまざまな様式を横断し、何世紀にもわたって欠損なく通覧できるような充分に多様性のある公共コレクションをつくりあげることをつねに重視したのは当然である。

しかしながら、旅行というものがよりたやすい時代においては、おそらくコレクションを再編成することによって、コレクションの何らかのポイントをより強調することができる。第二帝政下で手に入れ、当時多くの博物館に分散していたカンパーナ・コレクションに由来するイタリアのプリミティヴ三〇〇点を、一九七〇年代にアヴィニョンに再集中したのが、その例であった。

(B)彫刻コレクション——またしても、ルーヴルの名を挙げなければならないが、そのコレクションは、最もすばらしく、豊富なものである。それは三つの源をもっている。王宮とその公園の装飾が第一の作品群である。絵画と彫刻のアカデミーからは一連のアカデミー入会応募作品を引き継いだが、これは「偉大なる世紀」からフランス革命にいたるまでのフランス美術を継続的に例証するものである。そして最後に十九世紀初頭、コレクションは、アレクサンドル・ルノワールのフランス記念建造物博物館のおかげで革命の破壊から救われた彫像群を受け入れた。

工芸部から独立した彫刻部が、ヴェルサイユの寄託品を頼りにしつつも重要な寄贈品を受け入れながら大胆な収集政策を推し進めるなど、明確な方法でそのコレクションを拡げていく努力をするのは、つい十九世紀第四の四半期のことである。同様に、フランスのコレクションが新しいリシュリュー翼で展示紹介され、外国のコレクションがパヴィヨン・ドノンで再編成されるには、最近の整備を待たなければならない。

ルーヴル以外では、彫刻コレクションは、たいてい大きな多目的美術館に保存されていて、絵画と隣り合わせに置かれているが、学芸員は、絵画を引き立てる照明とは分けて、彫刻には黙想によりふさわしく照度を抑えているので、両者が混じり合うことはない。

展示方法を新しくしたコレクションのうちでも、グルノーブル、アミヤン、リールは、その点に関しては、模範的である。しかしながら、絵画の大コレクションと、豊富さの点でくらべることができるものはほとんどない。

次の三つの種類の博物館は、とくに識別される価値がある。

わが国の古代遺跡、廃墟と化した記念建造物、あるいは礼拝堂などの遺跡を保存するために、遠い昔から存立している石彫美術館は、われわれの古い彫像群の不可欠の部分を保存している。

第二の種類は、一人の芸術家の作品だけを展示紹介するためのものである。王室ゆかりの都市アンジェのダヴィッド・ダンジェ、コルマールのバルトルディ、パリのブールデルとロダン、ソーリュのポンポンなどがその例である。

最後に、ヴェルサイユやチュイルリーの公園では、公害、風雨、蛮行に抗して、また、たびたび複製作品が原作品と入れ替わっているが、彫刻が野外で耐えうるかどうかが試みられている。このように立派な実例以上に、われわれは、野外の古典的彫刻博物館をほとんどもっていない。バランタン市の場合は、第四共和政の下で大臣を何度も務めたアンドレ・マリー市長によって彫刻で満たされたものであるが、作品は嘆かわしい破損を蒙り、これは事業の難しさをよく示すものとなっている。

(C)素描コレクション――わが国では、数も多く、非常に古いものである。

ルーヴルの版画・素描部のコレクションは、群を抜いて高名である。王室のコレクションに直接に由来し、それ自体、パリに住み着いたドイツの銀行家ヤーバッハの大コレクションから出ている。コレクションは、継続的収集方針や一九三五年、大銀行家エドモン・ド・ロスチャイルドが行なった非常に重要な寄贈などによって着々と増強された。しかし、わが国の大博物館の多くは、しばしば革命期の押収品や古い遺贈品に起源を見る立派なコレクションを所持している。十八世紀以来のレンヌのロビアン遺産、一八一九年になされたブザンソンのパーリ遺贈品（十八世紀フランス素描）、一八二九年のモンペリエのファーブル遺贈品（美術館はこんにちでは十九世紀の作品群の最も美しいものの一つをもっている）、一八三四年のリールのヴィカール遺贈品[1]などがそれである。リヨン、ナント、ルアン、オルレアン、ボルドーは、同様に、素描の数と質で抜きんでている。こうした地方中心都市の大美術館のリストには、パリ美術学校、学士院が管理運営するシャンティイのコンデ美術館、バイヨンヌのボナ美術館、モンペリエの大学に付属するアジェ美術館の大コレクションなどを加えるべきであろう。しかし、こうした大雑把な見積もりは、いかにも不確かである。なぜなら、事実、わが国博物館の素描コレクションの網羅的リストも、組織だった点検も存在していないのだから。調査時に示された数字と、ガイドブックで公表された数字は、しばしば驚くべき比率で異なっているし、こんにちにいたるまで、その所蔵目録を公刊した博物館はまれである。まだ長い年月を要するであろうが、わが国の宝庫についての確たる知識をもつようになるには、コンピュータ化した所蔵品目録の完成を待たねばならない。絵画や彫刻とは逆に、素描は、常設展示することができない。数が多いからだけでなく、それにもまして脆弱だからである。湿気は素描を損ね、光にさらしすぎると決定的なダメージとなる。素描はしたがって「素描室」で保管されるが、学芸員が認めれば、見識ある愛好家の好奇心を満たしたり、国際協定によって厳しく制限された照明条件の下、三か月を超えない展覧会のために順次、外に出ることがある。

(1) 一七六二〜一八三四年、画家〔訳注〕。

2 装飾美術コレクション

パリには、三つの主要な作品群がある。ルーヴルの工芸品部は、初めは、一七九三年から博物館に入ったサン＝ドニの宝物庫の重要な一部と、一七九六年に受け入れたブロンズと堅石の王室コレクションの主要部分を再編成して、構成された。このコレクションもまた、その後の継続的な収集政策と非常に重要な寄贈のおかげで、飛躍的に豊かになった。

オルセー美術館も同様に、フランスおよび外国の装飾美術の蔵品を豊かにする、きわめて積極的な政策を推し進めた。

これに対して、十九世紀末に設立された装飾美術館は、あらゆる技法とあらゆる時代に広がりを見せているコレクションを展示紹介するという枠組みだけを刷新するにとどまり、明白な方法でコレクションを拡充することはできていない。

地方のどのコレクションも、これらパリの三つの美術館のそれとはくらべものにならないが、多くの美術館が立派な装飾美術コレクションをもっている。このようにして、リヨンは、巨大な刷新事業のなかで装飾美術に重要な場所を与えた。また、あるものは、装飾美術館の名称を明示し、自立した美術館として創設されるのが妥当とみなされるまでに発達した。ナンシー（ナンシー派美術館）、ボルドー、ストラスブール、あるいはソミュールなどである。その他、装飾美術館の名はもたないが、マルセイユ（ボレリー美術館）やトゥールーズ（ポール・デュピュイ博物館）で、同じ性質のコレクションを集めている。

装飾美術コレクションのなかで、二つの作品群がとくに思い起こされるべきである。セラミック・コレクションは、国（セーヴル、リモージュ、エクアンの国立美術館・博物館）、装飾美術中央連合、および市町村の美術館でもきわめて豊富である。そのために特別の美術館を当てているルアンや、リール、ネヴェール、ストラスブール、マルセイユ、モンリュソン、ロアンヌ、ヴァロリスなどである。モード・コレクションも、パリ（装飾美術中央連合のモード・テキスタイル美術館とパリ市立ガリエラ博物館）、マルセイユ、シノン城（衣装博物館）のほか、ロマン（靴の博物館）、あるいはシャゼル（帽子博物館）などで大いに活力を示している。

3　近・現代美術館

パリには、またしてもポンピドゥー・センターの国立近代美術館とパリ市立近代美術館という、よりどころとなる二つの美術館がある。

しかし、このような状況は、比較的最近のことである。実際、国立美術館の責任者たちは現代美術を軽視して多くの傑作を国外に流出させてしまったが、地方において何人かの偉大な学芸員たちは、より明晰に振る舞った。このようにして、二十世紀初め以来、印象派の作家たちが、リヨン、リール、ルアンの美術館に入る。二十年代の初めに、アンドリー・ファルシー〔学芸員〕は、グルノーブルにアギュットとマルセル・サンバ〔一八六二～一九二二年、政治家〕夫妻の重要な遺贈品およびマチスの寄贈を受け入れることになる。

ジャン・カスーが、国のコレクションの蔵品を現存作家の主要作品で充実させ始めたのは、一九三七年の万国博覧会のための国立近代美術館建設の際と戦争直後だけであった。この運動はジョルジュ・ポンピドゥー・センターへの作品の収蔵とともに新たな豊かさをもたらし、一九八〇年代にはさらに増強された。

すでに言及したグルノーブルに加えて、モーリス・アルマン〔一九〇六～一九七九年、学芸員〕が戦後以来意義深いコレクションを蓄積してきたサン＝テチエンヌの事例はあるものの、パリの博物館計画は、一九六〇、七〇年代には地方の学芸員の間で、まだあまり競争相手を出現させることはなかった。

こうして多くの場合、美術館以外に、芸術家、蒐集家、愛好家、美術学校や大学教授たちの発意のもとに、多くの都市が「現代美術センター」を備えた。これは異なった、そしてしばしば、あいまいで流動的な方式に従いながら、もっぱら現代創作家の受け入れや、その作品の展示紹介を任務とするものである。

一九七〇年代の初め以来、ボルドーは、現代造形芸術センター（CAPC）を支援し、これは一九七九年に立派なレネ倉庫に設置された。現代美術リヨン空間（ELAC）は挫折したが、この経験を経て、「新美術館」がヴィユールバンヌに設置された。

一九八一年から、国のより果断な支援は、国自体がかかわる発議を増加させるとともに、ほかにもさらに多くの発議を生み出している。まず国は、現代美術地方基金（FRAC）の創立、すなわち美術館以外の場所で、地域の自治体が支える協会によって設立、運営され、さまざまな公共の場所で展示紹介されるコレクションを生み出している。このような全般的な変化を感じとるや、いくつかの「伝統的」美術館は現代美術に向けて門戸を開き、ナントからエピナルまで、レ・サーブル＝ドロンヌからドールにいたるまで、敢然と現代美術を受け入れるようになる。現代美術だけに当てられたいくつかの美術館が現われる。すなわち、マジュレルの寄贈に負うヴィルヌーヴ・ダスク、それにニーム（「カレ・ダール」）、セレ（ピレネー＝オリアンタル県）、マルセイユ（現代美術ギャラリー）。このほか、リヨン（テート・ドール公園）とストラスブールでは準備中である〔一九九五、九八年に開館〕。こんにちでは、現代美術を排除している都市や美術館はまれである。それどころか、美術館とアート・センターが隣り合わせになっていることが多く、時には協力しあっている。ここ二〇年の間、わが国は欠乏状態から富裕な状態へ、不毛から繁殖へ、さらには過剰、不統一な状態へと推移してきた。現代美術地方基金（ＦＲＡＣ）は、価値の一定でないコレクションを形成したので、その管理運営は、結局、手ごわい問題を提起することになる。個人的発議から生まれた多くのアート・センターは、グルノーブルで、あるいはヴィユールバンヌで管理運営上の深刻な問題に遭遇した。こうしたすべてのことが示しているように、美術館と現代美術の受け入れを使命とするいろいろな組織とが、より正式に歩み寄ることが必要なのである。コレクションの恒久性に専心せねばならない美術館と、必然的により不安定で実験的になりがちな性格をもつ「アート・センター」を結びつける新しい組織が、トゥールーズにおいて、旧屠殺場の堂々たる建物のなかで日の目を見たり[1]、地方の多くの主要都市で計画中であるのは、こうした見地に基づくものである。しかし、新たな均衡は今まさに確立されつつあるように思える。その均衡のなかで、普通ならば美術館は、みずからが長い間そうしたように、近代や現代の創造物に向けて門戸を開いた姿を見出すことになろう。

（１）二〇〇〇年六月、「近・現代美術空間」が開館〔訳注〕。

美術の全分野において、このように豊富でありながら、ギメ・アジア美術館を例外とするだけで、わが国が非ヨーロッパ美術の大きなコレクションに欠けていることは、驚くべきである。ポルト・ドレの国立博物館のアフリカ・オセアニア美術コレクションは、多くの隣国のコレクションについて考えると、つつましいものであり、それに、フランスは、アメリカ゠インディアン美術についても大きなコレクションをもっていない。多分、人類博物館の民族誌の性格をもったコレクションは、この分野での宝物を秘めている。しかし、それらのコレクションが完全に保存されているとしても、ほんの少ししか展示紹介されていない。一方、地方では、重要なコレクションは、マルセイユ（アフリカ・オセアニア・アメリカ゠インディアン芸術博物館）、トゥールーズ（ラビ・アジア美術館）、アングレーム（アフリカ美術）など、片手で指折り数えることができるほどでしかない。

II 考古学博物館

いくつかの石彫博物館を除くならば、最高の考古学コレクションが集まっているのは、またしても、ルーヴルである。コレクションは王室を起源としているが、十九、二十世紀には、ギリシア、エトルリア、ローマの古美術品が順次加わり、豊かになった。エジプト考古学コレクションの成り立ちは、直接ボナパルトの遠征に結びついており、ヴィヴァン・ドノン(1)が彼を補佐した。さらに、十九世紀中頃からは、中東のあらゆるところで、フランス考古学派による発掘がきわめて強力に進められ、その出土品で東洋の古美術コレクションが充実する。美術館の場合と同様に、地方の博物館は、その創設期から、ルーヴルのイメージに注目し、古美術部の発展に努めている。

しかし、わが国の固有の地で行なわれた考古学上の発掘の跡が博物館内にたち現われ、より古い時代に日の目を見させるには、十九世紀の中頃を待たなければならない。

（1）最初の帝国博物館局長。

ケルト考古学が浮かび上がってくるのは、サン＝ジェルマン＝アン＝レー博物館創設のとき、ナポレオン三世とともにである。こんにちでは、旧ビブラクト〔ガリア時代の要塞都市〕の地にモン＝ブゥヴレーの博物館が建ち、ドゥ＝セーヴル県ではブゴンの墳墓の博物館が建設されるまでになっている。

一方、先史時代では、国がレ・ゼジー・ド・タヤックで、ドニ・ペイロニの努力を支援することを約束するのは、ブーシェ・ド・ペルト〔一七八八〜一八六八年、歴史家〕の仕事のしばらく後のことである。以来、先史博物館は、みごとな発展をとげた。多くの場合、発掘につながる地方の発議の枠内や文化省考古学担当部署の積極的な支援のもとに（ヌムール）、人類博物館の古生物学部門（ニースのテラ・アマタ、ピレネー＝オリアンタル県のトータヴェル）、あるいはレンヌ大学の同部門の発議で行なわれることもあった（フィニステール県のペンマルク先史博物館）。

こうした考古学の新しい流行は、いくつかの市町村が、もっぱらその考古学コレクションを展示紹介するための博物館を創設することにつながった。ニームに設置されたのは、かなり以前であるが、その後ディジョン、メッス、ボルドー、マルセイユ、ストラスブールが、よくひきあいに出されるような施設をもつことになる。

こうしてアルルとサン＝ロマン＝アン＝ギャルは、ついにすばらしいガロ＝ロマン考古学博物館を開くのである。

Ⅲ　歴史・民族学博物館

これら二つの部類の博物館をこのように一体化してしまうことは、そこに所属する多くの学芸員たちに対して、疑いもなく不謹慎に見える。しかし、コレクションの現状から見ると、両者の目的とするところは、しばしば、一致していることを認めなければならない。

歴史博物館は、わが国では驚くほど数が少ない。古くはルイ＝フィリップ、ナポレオン三世などの企てがあったにもかかわらず、国は、その歴史を一貫して展示紹介する組織をつくることにほとんど気をつかうそぶりを見せなかった。

その代わりに、多くは地方史学会の発議によって、しばしば民族学的あるいは考古学的研究と結びついたさまざまなコレクションが、全国的に現われた。このようなコレクションは、要するに、きわめて雑多であり、大きくて一貫性のある「よりどころ」と見なしてもいいようなコレクションはまれである。大都市のいくつかは、パリのカルナヴァレ博物館、マルセイユの歴史博物館、リヨンの（ガダーニュ）歴史博物館、ストラスブールとコルマールの歴史博物館のように、確かにその都市の歴史上重要な時代を明示するように努力している。しかし、それらの都市が、かなりの金額を美術館の刷新に費やしていて、それはそれとして喜ぶべきだが、それにもかかわらず、都市の歴史の連続性が展示紹介されている大博物館など一つも挙げることができない。それは多分最近まで、国とその行政、ひいては学芸員が、こうした企てを支持することにほとんど気をつかっていなかったからではなかろうか。博物館、「文化財」、文書館、さらには、国民教育省、整備・住宅省、都市計画省など行政間の壁がもっと少なかったならば、地方の多くの発議が往々にして欠落させている厳密さと光輝とを持ちえたことであろう。

しかしながら、歴史博物館の二つの範疇はとくに言及に値する。軍の博物館は豊富であり、とりわけ両次大戦とレジスタンスを称揚している。しかしそこでも、地方の発議から出たコレクションの大部分は、これが一県に二つ以上に増えることをまず避けようとする国の意向により、その補助を受けても微々たるものでしかなかった。こうしたなかにあって一大計画だけが明らかに際だっている。すなわち、ペロンヌ（ソンム県）の大戦史博物館でとられた厳密で科学的なアプローチは、注目すべきコレクションを形成することにつながり、これはアンリ・シリアニ〔一九三六年～　ペルー生まれの建築家〕による比類のない建物のなかで展示紹介されている。

歴史上の偉人たちの博物館もまた数多い。ナポレオン・ボナパルトが頭抜けて多く十以上の博物館が彼に捧げられており、その半数は国によって組織されている。[1] ジャンヌ・ダルク（六博物館[2]）、クレマンソー（四博物館[3]）がこれにつづき、名誉ある一覧にはとりわけ次のような名が見える。すなわちバヤール（ポンシャラ）、ベルナドット（ポー）、レオン・ブルム（ジュイ＝アン＝ジョザース）、デュゲクラン（シャトーヌフ＝ド＝ランドン）、レオン・ガンベッタ（カオールとセーヴル）、エドゥワール・エリオ（リヨン）、ジャン・ジョレス（カストル）、ジャン・ド・ラトル・ド・タシニー（ムイユロン＝アン＝パレ）、ルクレール（サン＝ジェルマン＝アン＝レー）、レーニン（パリ一四区）、リヨテ（トレイ＝リヨテ）、レモン・ポワンカレ（サンピニー）、タレーラン（サン＝シェロン）などである。

（1）アジャクシオ、アンティーブ、オークソンヌ、ブリエンヌ＝ル＝シャトー、フィクサン、フォンテーヌブロー、イル・デクス、モナコ、パリ、マルメゾン……。

（2）シノン、ドンレミ、オルレアン、ルアン、リオン、ヴォークルール。
（3）モレ＝シュル＝ロワン、ムイユロン＝アン＝パレ、パリ、サン＝ヴァンサン＝シュル＝ジャール。

地方民族誌博物館もまた長い歴史をたどっており、歴史博物館の歴史と交差することがよくある。その起源として異論なく言われているのは、伝統的地方文化を保存、顕彰するため、一八九六年、アルルにフレデリック・ミストラルが創設した「アルラタン」博物館である。地方文化の擁護と顕揚という、民俗学と地方（尊重）主義の同一の着想のなかから、二十世紀初頭より多くの民衆芸術・伝統博物館が設立された。（バイヨンヌのバスク博物館、ストラスブールのアルザス博物館）。これらの博物館は、ジョルジュ・アンリ・リヴィエールの周辺に集まったチームの推進力の下で、一九五〇〜六〇年代には最初の復興をとげた。

それはさまざまな系統の「もの」、いろいろな信条を示す証拠物、民衆活動の諸相をより厳密な方法で紹介することを目指し、共同体の発展と統合の原動力についての教育的、科学的言説を明示することであった。リオンのオーヴェルニュ民衆芸術・伝統博物館は、こうしたアプローチのすばらしい一例を提供している、

一九七〇年代には環境大臣の発議で「エコミュゼ」運動が確立した。これはいくつかの点において、近隣諸国でかねてより発展してきた野外博物館運動に比肩しうるものである。マルケーズ（グランド・ランド博物館）あるいはウンゲルスハイム（アルザス・エコミュゼ）のように、幾多の発議のなかからいくつかの持続的な事業が困難を乗り越えて生まれている。農業活動の衰退が多くのエコミュゼの起源にあったのと同じように、一九八〇年代には伝統的大企業の撤退が多くの産業エコミュゼを出現させた。とりわけルワルド（ノール県）、サン＝テチエンヌ、アルル、オビー、ブランジーの鉱山エコミュゼ、ル・

クリュゾ、コート＝ドール（ビュフォン製鉄所）の製鉄エコミュゼ、フルミ＝トレロン（ノール県）の繊維・ガラス・エコミュゼなどである。

より最近では、都市エコミュゼが現われ、そこでは、都会生活様式を想起させる事物を保存するように努めている。とりわけ、フレーヌ（オー＝ド＝セーヌ県）とサン＝カンタン＝レ＝ジヴリーヌにあるものが挙げられる。

Ⅳ　科学技術博物館

美術の分野がそうであったように、自然史博物館と国立工芸院を組織することによって「よりどころ」となる機関を創設したのは、新生共和国であった。自然史博物館は、フランス全域に充分な組織網を出現させているが、国立工芸院の方は類似組織を形成することがなかった。

自然史博物館は、ペルピニャン（一七七〇年）とラ・ロシェル（ラファイユ博物館、一七八二年）を除けば、革命以前はほとんど無かったといってよいが、十九世紀を通じてとどまることなく発展した。以後、多くのものが長期にわたる冬眠状態を経験したが、そのなかから、いくつかのものが著しく改善され、こんにちグルノーブル、オルレアン、ディジョン、ナント、ストラスブールで芽吹いている。

三〇に及ぶ大博物館で、きわめて多様なコレクションが隣り合わせに置かれている一方で、いくつかのものは専門化されている。

地学および鉱物学――ナンシー、リール、パリ（鉱山学校博物館）。
植物学および菌学――クレルモン＝フェラン（ルコック博物館）、ロッカンクール（シュヴルルー樹木園）、サン＝ティレール＝サン＝フロラン（菌類博物館）、ソルジュ（トリュフ博物館）など。
海洋学および魚類学――ビアリッツ（海洋博物館）、ラ・ロシェル（海洋学博物館）など。
動物学および、より専門的に鳥類学――ディナン、ドンザン、ランシェール、ル・ブラン、あるいは蝶のコレクション（ヴィリエ＝ゾ＝ボワ）など。

公共博物館の三〇近いコレクションが、展示手段を欠いたままに置かれ、観覧できない状態にあるのは嘆かわしいことである。

科学技術の大コレクションは、パリ以外ではまれである。そうした中で、ミュルーズは、コレクションの集積においてわが国でも比類がない。市の産業協会によって十九世紀のなかば以来設立されているプリント地博物館は、機械、道具、板材、銅製のローラー、それに布地のコレクションの豊富さと多様性で、世界でもユニークなものである。シュランプ兄弟が集めた五〇〇台以上の車を擁する自動車博物館は、ヨーロッパ車の最も重要なコレクションを形成している。鉄道博物館は、何十台もの蒸気あるいは電気機関車といろいろな時代の車輛を展示紹介している。最後に、電気エネルギー博物館エレクトロポリスは、もともと解説・デモンストレーション・センターとして創設されたものであるが、すぐに電気器具類の収集につとめる、きわめて興味深いコレクションを形成している。

第三章　生きている博物館

I　コレクション

コレクションは、硬直化するやすぐさま死んだ状態になる。「生きた」コレクションは、絶えず進化しつづける。収集、交換、展示、研究、修復などによって、コレクションはその創始者が最初に設定した方向に誠実に沿いながら、新境地を開き、進化していく。各コレクションに固有のこうした動きとは別に、国家は、公共コレクションのみならず、多くの場合これに合体する価値のある私的コレクションを含めた全体がどのように進化しつづけているか、つねに注意を向けておくべきである。

1　コレクションの法的保護

方針として、所有者の資力、趣向、気まぐれに従って進化する私的コレクションとは反対に、フランスの公共コレクションはつねに特別な保護を受けてきた。

おそらくこれらのコレクションは大部分、王室の財産に由来しており、これが過去および未来にわたり王の家系に属している限り、君主でさえみずからの気の向くままに処分できたわけではないので、フランス革命によって成立したコレクションは、国家がその責務を引き受け、現世代、さらにこれを引き

継ぐすべての世代の利益になるように、同様の保護を受けるのである。(一七九二年十一月三日のロラン回状)

この古くからある見解は、とくにフランスで、博物館とその学芸員が、非常にこだわっている公共コレクションの非譲渡性に関する本質的に慣習法的かつ法解釈論的な主張を根拠づけるものである。

博物館のコレクションが、大いに豊かになってきたことだけでなく、あるいは多分それよりもコレクションの数が増加し多様化したことから、博物館の法的地位の問題が新しい言い回しで投げかけられるようになった。このような拡大に直面して、例えば中世の傑作のコレクションと、民族学博物館にある二十世紀はじめの一連の道具類、これらすべてを同一条件で保護することができるだろうか。逆に、多少とも経験があり、注意深い観察者の多くが認める傾向にあるが、博物館のコレクションでさえ互いに売り買いする多くの国の状況に法的にであれ実体的にであれ合わせるために、われわれのコレクションのいくつかのものに付与された特別な保護措置を放棄しなければならないのだろうか。

われわれの法律が不確実であることと、これを強化しようとする最近の目論見が不成功に終わったことは、この領域でのコンセンサスの弱さをよく物語っている。いずれかの大臣が決断し協議体制、とりわけ関係省庁間のそれをつくりあげ、一九九三年以来準備している法案の成立を見ることを期待したい。

2 コレクションの知識と研究

コレクションの点検調査と目録作成は、作品保全のための最も良い保証である。それらは同時に、作品研究と展示との釣り合いのとれた方向付けを可能にするものである。

十九世紀に始まった目録記述法の大綱は、今後は情報処理によってもたらされた新しい方法に頼ることになる。フランス博物館局は、博物館コレクションのデータ入力用に採用されたソフトウエアの普及を支援している。しかし、博物館ごとの情報管理システムのほかにも、いくつかの博物館が協力し合って、作品の型やコレクションの種類ごとにデータベースが開発されている。

絵画――データベース、ジョコンド（Joconde）は、国に所属する博物館だけでなく、フランスの博物館の一四万点以上の作品データを収めている。

二十世紀コレクション――データベース、ヴィデオムゼウム（Videomuseum）は、フランス公共コレクション中の二十世紀の作品データのすべてを再編成している。

科学技術コレクション――国立科学技術博物館は、自館コレクションの明細目録をもとにデータバンク、イコスト（ICOST）を構築し始めた。これは、同一分野におけるフランスの多くのコレクションとうまく連動するはずである。

恒久的コレクションや展覧会のカタログ編集にくらべるとおそらく満足感の得にくいものであろうが、明細目録をただ管理していくことも、絶えず喚起されねばならない学芸員の必須の使命である(1)。

（1）これは最近会計検査院が特別公開報告書（一九九七年）の中でとくに厳しく、時には、過度なまでに厳しく指摘したことがらである。

3　コレクションの劣化との戦い

コレクションは、見たところ最も壊れそうにないものでさえ絶えずさまざまな危険に脅かされており、その保全であれ、保存のための物理的条件であれ、あるいはその修復であれ、コレクションをただ保存することと自体で瞬時瞬時の戦いとなる。

コレクションの保全の話題は、時として、新聞の第一面を飾ることがある。幸い一時的なものではあったが、一九一二年に起きたジョコンダ（モナ・リザ）の失跡騒動を思い起こす。もっとわれわれに近いところでも他にいくつもの事件が、噂の種になった。近年、この分野ではきわめて重要な進歩がみられたが、これは最も伝統的なやり方を最先端技術として有効に利用するものであった。たとえば当然のことながら、発行部数の多い書籍が詳細な説明をするとは限らないことはよく分かるであろう。そうではなく、フランス博物館「保全担当」を創設したのは、いくつかの展覧会に関し、問題の作品にまつわる往々にしてはかり知れないほどの学術的文化的意義以上に、相当な額に上る保険価額にかかわるこうした問題こそがきわめて重要になることを示すものである。

予防的保存は、直接手を入れることなく、作品の生命を長持ちさせるような、コレクションの物理的、化学的、人間的環境に対する一連の制御と行動、と定義される。あまりに長い期間、強過ぎる光を当てた展示は、版画作品や絵画に害を及ぼすことはよく知られている。同様に、不適当な湿度は、きわめて数多くの種類の作品の完全な状態に対して急激に問題を生じさせる可能性がある。しかしながら、このよく知られた処方は、いまだに、いくつかの博物館では無視されていることが多い。

作品の修復――ここ何年かでフランスは、この領域において、研究と方法の質、作業チームの技量、自由に利用できる作業場の広さ、投入された予算額などにより、大いなる名声を勝ち取った。

博物館局は、一九九一年、国が運営するアトリエ全体についてこれを、さまざまな種類の作品や技法に応じた系列をもつ単一の部署とし、ヴェルサイユとパリに拠点を置くかたちで再編した。

八〇人の公務員が二〇〇人の民間の修復家と連携して仕事をするこの部署は、国と公共団体に属する作品について、今後は一様にかかわりをもっていこうというものである。

ここ一〇年の間に、あらゆる種類の作品に対応すべく、二〇の専門修復アトリエが、博物館局の奨励のもとに、地方公共団体の手で地方に創設され、このほか一一のアトリエが計画中である。これらのアトリエは、ヴェルサイユと同様に、国あるいは地方公共団体に所属するすべてのコレクションにかかわっている。

需要は莫大であり、コレクションをただ維持していくだけでも、つねに定期的に修復を施すことが必要である。よく人目をひく伝統的な絵画の保護以外にもその他すべての美術作品や工芸品、あるいは歴史史料のコレクション、現代的創造物、民族的、科学的、技術的コレクションなども考慮に入れるべきであろう。これらの作業は、絶え間なく、いままでに経験したことがない問題を投げかけており、技術や技量の極端な多様化と同時に、国内的あるいは国際的レベルでの緊密な調整を必要としている。

4　コレクションの増強

学芸員たちが、「何も買わない博物館」は、死んでいる博物館である、と競って繰り返すとき、新しい傑作の探求は、みずからにとって刺激的であり、みずからの評価を高めるという事実を単に表明しているだけではない。彼らは、コレクションが、とくに市場の仲介を通して、絶えず他のコレクション全体と向き合い、絶えずそのコレクション自体を検討し直す必要があるということを意味しているのである。

一九八〇年代とそれにつづく九〇年代のはじめに、利用できる財源が増加したおかげで、コレクションの増強は、わが国において、華々しい飛躍をとげた。その飛躍は、学芸評議会決定の質によって保証された要求水準に伴って発展している。

収集に関する決定を合議制によって行なうことは、博物館のフランス的システムの一つの特色である。三四〔二〇〇三年現在三三〕の「国立博物館」の作品収集は、次の組織によって大臣に提案される。

ⓐ　職権をもって指名、もしくは同輩により選出される学芸員の組織で、フランス博物館局長が長となるもの。

ⓑ　大学、行政、もしくは実業界から出る独立した個人によって構成される美術評議会。

地方公共団体の博物館の収集は、諮問のため国と地方公共団体の学芸員で構成されるフランス博物館美術評議会に付される。この規則は、明らかに、いくつかの例外を含んでいる。たとえば、パリ市は、かなり以前から収集委員会を組織しており、これは市固有のものであるが、国の学芸員を含んでいる。さらに、いくつかの公共機関が特有の手続きを組織している（ジョルジュ・ポンピドゥー国立芸術文化センター国立近代美術館、国立音楽博物館、軍事博物館……）。

こうした規律は、見たところ窮屈ではあるが、おそらく、これにより放任主義と行き過ぎをよく排除することができたと思われる。

わが国の博物館の充実計画は、多様な財源、とりわけここ何十年かの間にとくに強化された財源を利用してきた。

ここ一〇年の間に議会で採決された国の予算の増加により、国に属する博物館と同様に地方公共団体の博物館も恩恵を受けた。同様に予期しない重要な購入に対処するため、一九八〇年に創設された文化財基金も、しばしば巨大な額の資金で次々と博物館のために貢献してきた。（二一五頁の表参照）

「国立博物館」に関しては、国立博物館連合のあげた売り上げ収益により予算額は多くなった。これは期間全体で五億フラン近くに及び、全体では、収集予算の大部分を占めている。

地方公共団体に関しては、国の予算投入に加えて、徐々に市、県、地域圏の予算が付随的に投入された。これらの最後のものが、一九八二年に創設された博物館収集地域圏基金に当てられ、長年の間に硬

コレクション増強のために国が付与した予算額
および代物弁済額（単位100万フラン）

	1982	1984	1986	1988	1990	1992	1994	1996
国立博物館（フランス博物館局+国立博物館連合）	27.5	56.7	73.8	115.8	141.8	126.10	141.70	94.61
ポンピドゥー・センター 国立近代美術館	18.1	37.9	32.9	29.9	26.9	28.9	20.7	20.3
代物弁済（フランス博物館局+国立近代美術館）	79.0	85.1	33.0	220.0	224.0	20.04	187.45	34.17
地方公共団体の博物館	36.7	30.7	28.1	30.9	48.8	52.64	28.16	31.17
計	116.3	210.4	167.8	396.6	441.5	227.68	378.01	180.25

直化した多くの地方のコレクション増強政策の重要な刷新の始まりとなった。

十九世紀から確立されている収集の伝統を守ることができた市もいくつかあるが、市はしばしば同額出資協定という枠組みのなかで、とりわけ現代美術分野においてみずからの努力を国家のそれと結びつけた。一九八六年から一九九四年までに、合計一二の協定が調印され、五六七点の美術作品が収集された。

収集に直接当てられる予算額のほかに、国は、相続税支払いのための一九六八年十二月三十一日の法律で設定された美術作品およびコレクションの「代物弁済」の手続きを活用した。この方式は一九七三年、贈与分割の名目による税の支払いにまでに拡げられ、一九八一年以来、資産についての税の支払いにまで拡げられていた。

「代物」支払いというイギリス流の方式に着想を得て、「代物弁済」（ダシオン）が少しずつフランスの伝統になじんできた。この方法により、年々国のコレクションのきわめて重要な増強が可能となった（ピカソ、マティスの「代物弁済」）。近年行なわれた大規模なキャンペーンの大半で、地方公共団体の博物館への非常に重要な寄託が承認されている。

コレクションの増強に当てられる公的予算が直接、間接に増加したとしても、あらゆる種類の寄贈者が、わが国の博物館全体に対してもたらす昔からある伝統的かつ不可欠な協力を忘れるべきではない。有名なコレクションの偉大なる寄贈者、民族資料の蒐集家、考古遺物の発見者などは、しばしば学芸員と一体となって、その情熱、審美眼、才能を捧げている。

彼らの努力は、メセナ〔芸術、文芸、学術などの庇護〕のために、一九八七年に定められた措置によって、理論上は奨励されたはずだった。しかし、残念ながら、規則が厳格で、寄贈行為の広告宣伝のみならず、いかなる形であれ、それが公《おおやけ》に認識されることを禁止しており、実際にはまだ適用例がない。

結局、大蔵大臣は一九九〇年に、その質が学芸員によって認められた美術作品については保険会社がこれを購入し、会計上の準備金として扱うことを認可している。このようにして得られた作品は、一〇年までの期限付きで博物館に寄託され、国に提示されると国は現勢価格で買い取ることができる。これはすでに行なわれており、次のようなケースであった。

ティツィアーノの絵画《アヴァロ侯爵》――アクサ社が取得し、ルーヴルに寄託。

サン＝トーバンの素描画集――マンス相互会社が取得し、同じくルーヴル美術館の版画・素描室に寄託。

ボルディゲラのヴィラを描いたクロード・モネの絵画――全国保険団体会社（GAN）が取得、オルセー美術館に寄託。

最近、コレクション増強政策に対する国の協力が大きく落ち込んでおり、新たに深刻な、私的資金の流動化という問題を投げかけている。

II 博物館の観衆

何年かの間に、フランス人が博物館訪問に思い描くイメージは、彼らが博物館そのものに思い描くイメージと同様に、大きく変貌した。開放的で、入りやすい博物館、その前で入館待ちの行列が押し合っているというイメージが、ほこりっぽく人気のない博物館にとって代わっている。実際、博物館訪問は、全体的には大いに発展をとげている。しかし、詳細に分析すると、訪問の条件が大きく変わると、博物館によく通う社会的階層は、一見しただけで想像させるほどには、目立って拡大はしていないことがわかる。

1 博物館訪問の全体的な発達

長い間、最も単純な数値についての知識さえ、確かな判断を下すには欠落が多すぎた。多くの博物館は無料だったので、会計帳簿や入場者統計を作っていなかった。しかも、フランス博物館局は、存在する統計を集計したり、全体的数字や一般的傾向を引き出す研究や調査を行なってこなかった。したがって、また、国立博物館連合に所属する三四博物館に関するものを除き、全体の評価や一時的な比較は、つとめて慎重に考慮しなければならない。

「国立博物館」への訪問は、全体的なフランスの博物館訪問のなかで非常に重要な一部を示している。さらにそれは、一九八〇年から一九九〇年までの一〇年間に著しい増加を記録している[1]。

（1）その後一九九〇年から一九九四年にかけては、ほぼ一定となり、さらにその後の二年間は、重苦しい経済局面を理由に、軽い後退さえ記録する。

三〇年間の有料入場者数の進展（単位一〇〇万）

一九六〇年	一九七〇年	一九八〇年	一九九〇年
三・三	四	五・七	一〇・一

増加の大部分は、明らかにルーヴル、オルセー、ヴェルサイユの三大美術館への来訪者、といっても、結局は外国人観光客が殺到することに起因している。

地方公共団体と協会の博物館への訪問について、文化省は最近、全国的な研究調査を行ない、少しづつ明瞭なイメージを呈しはじめた。

あらゆる点で、各地域圏間、各県間に極端な格差がある。前者ではアルザス、ローヌ＝アルプ、コート・ダジュール、ペイ・ド・ラ・ロワール、バス＝ノルマンディーだけで、入館者全体の五〇パーセントを示し、後者では上位八県で三七パーセントを占めている。

不幸にして、各都市に関する信頼できる統計は手にすることができない。それでも自動車博物館、鉄道博物館、壁紙・プリント地博物館、美術館などを合わせ持つミュルーズは、県内のより大きい都市を前にして、やすやすとトップに躍り出ている。ちなみにこのオー＝ラン県にはとりわけコルマールのウンターリンデン美術館やウンゲルスハイムの野外アルザス博物館などがあり、県全体で一〇〇万人以上の入場者を受け入れている。

すべての博物館を合わせれば、こんにち、フランスの博物館への来訪者総数は、年間、六〇〇〇万人を大きく超えていると考えてよかろう。

2　博物館の観衆の社会学的構成

博物館の観衆の社会学的構成は、ここ何年かの間に、とりわけ一九六六年のピエール・ブルデュー〔一九三〇年〜　社会学者〕とアラン・ダルベル〔社会学者〕の古典的研究[1]以来、一連の仕事が行なわれ、これにより網羅的な全体統計がなくても、調査を行なって比較的正確な利用者像が描けるようになった。これらの研究による第一の情報は、訪問する人の割合は増加の傾向にあるとはいえ、博物館をよく訪問するフランス人の割合は、比較的安定しているということである。

（1）ピエール・ブルデュー、アラン・ダルベル共著『美術愛好――美術館と観衆』ミニュイ社、一九六六年〔山下雅之訳『美術愛好――ヨーロッパの美術館と観衆』木鐸社、一九九四年〕。

フランス人による博物館の訪問

	一九七三年	一九八一年	一九八九年
この一二か月以内に博物館に行った十五歳以上のフランス人の割合	二七％	三〇％	三〇％
この一二か月以内に博物館に五回以上行った「常連」の割合	一五％	一四％	一六％

博物館訪問が増加しているのはより裕福な階層、より高い年齢層に関係しているように見える。逆に、より恵まれない人びとは、訪問が減少している。

博物館訪問の進展

（各項目の実数についての来館の割合）

博物館訪問者	一九七三年	一九八一年	一九八九年
上流および自由業	五六	六〇	六一
中　流	四八	四九	四三
労働者	二五	二四	二三
十五〜二十四歳	三五	三九	三四
四十〜五十九歳	二五	二八	三〇
六十歳以上	一六	二〇	二三
パリ地域圏	四一	四七	四七

フランス博物館局が最近（一九九二年）「定期観衆調査所」[1]を創設したことにより、こうした社会学的分析を純化することが可能になろう。

（1）一一九、一二〇頁の表は、この機関の提供によるフランス博物館局の統計〔訳注〕。

3　開館とアクセスの条件

開館とアクセスの条件が、博物館訪問を大きく助長する決定的要因であることは明らかである。十九世紀に建てられた大規模博物館の大部分は都市の中心部にあり、県庁に面している（リール、アミヤン）か、市役所のそばにある（リヨン、カンペール）。こうした博物館は、明らかに都市周辺部にあるものよりもアクセスしやすい。また博物館は、目立つものであり、入りやすいものでなくてはならない。

博物館のなかの多くのものは、いっぱいの好奇心を発揮して、往々にしていかめしい門扉を押し開けるはずの通行人の注意をあまり惹いてはいない。もとよりわが国の美術の宮殿のほとんどがもっている威厳と対をなす高い正面階段が、障害をもつ人びとや高齢者にとって、どれだけ困難なものであるかは言わずもがなである。博物館を示す交通標識の設置、ポスターの掲示、博物館入口を街に向けて開放すること、これらは、博物館訪問を改善する必須条件である。また、アクセスしやすくなっているからには、博物館が開いていることが望ましい。あまりにも多くの博物館が、十九世紀を通して、また二十世紀の最初の何十年かは、週のうちの一日か二日しか一般に公開されていなかった。事態は以後、順調に進展している。

こうして、国立博物館連合の枠組みのもとで活気づいた博物館群は、火曜日（オルセーは月曜日）を除き、ほとんどの祝祭日を含めて通年開館となっている。

最近の努力によって、勤務時間を調整して昼食のための一時閉館を廃止し、夕方の閉館時間を遅らせ、あるいは夜間開館（とくにルーヴル、オルセー、ピカソ美術館）をするようになった。

一九九二年に行なわれた「地方の博物館」の調査研究でも、[1]年間の開館時間が平均して増加している同様の傾向を示した。博物館全体では、一九八六年以降、年間開館時間は一五〇〇時間から二〇〇〇時間の間のところが最も多く見受けられる。

（1）「地方の博物館」、訪問頻度、開館時間、入館料アンケート　文化省実施、一九九二年。

4　入館料に関する政策

長い間、無料制は、共和国が国の博物館に課した教育的使命と対をなすものであった。「国立博物館」

に入館料が設定されたのは、一九二一年、議会の大討論に際してであった。そこでは、レオン・ブルム〔一八七二～一九五〇年、作家・政治家〕とエドゥワール・エリオが、共和派の大原則に立ち戻るよう主張するとともに、日曜日の無料制は維持することが了承された。一九八九年、日曜の休息日への入館料の設定に際しては、同じような論争は起きなかった。もっとも、状況は大きく変化し、フランス人の訪問者よりも、旅行社の外国人客を優遇するようになっていることを認めざるをえない。

一般的にいえば、まったく無料の博物館の数はむしろ減る傾向にある。博物館来訪者の社会学的構成から見ても、入館料を設定しても、適正なものであれば、来訪の主要な障碍にはならないことは、明らかなようである。児童生徒の無料の扱いは、ごく広範な同意を得ているが、国民教育省の博物館については、必ずしもそうとは限らない（三分の二の市町村の博物館が、この特典を提供している）。

入館料の構造の正確で詳細な趨勢を示すことは、非常にむずかしい。しかし、次のことは指摘しておいた方がよさそうである。

――一九八六年以降、入館料は著しく上昇している。

――入館料の格差が著しい（最も高騰したのは協会博物館）。

一般的にいえば、児童生徒に付与された無料制のほかに、さまざまな種類の人びと（失業者、高齢者、学生、教師……）に割引が認められている。もっとも自治体が入館料に関する政策について、高度で複雑な検討を加えたとは思えないのであるが。

一方、いくつかの自治体では、観光客に対して一連の博物館を訪問しやすくする共通チケット制、あるいは市民がくり返し来館しやすいような料金による年間利用券を活用したところもある。

同様に、来訪者の多い博物館、とくにルーヴルなどでは入館料の構造をより簡素にするために、あるいはまた来館者の流れをより良く管理すべく、時間帯により料金を変えるための検討が行なわれている。

5　観衆の受け入れと提供するサービス

来館者に提供する情報を改善するために、この数年間に大きな努力が払われた。フランス博物館局公衆部発行の『文化サービスガイド』[1]がそのことを証明している。無料あるいは廉価で配られる図面やガイドが増加し、同様に解説つき見学会が発達した。

（1）フランス博物館局『博物館文化サービスガイド』一九九三年。

にもかかわらず、観客が読みやすく、理解しやすい「カルテル」（作品や標本の近くに置かれるラベルと簡単な解説に学芸員が与えた名称）を置くためになすべきことが多く残っている。ところで、厳密であると同時に想像力に富み、教育的でしかも魅力的な展示例が、ますます増えている。

博物館を訪れる快適さも同じように改善されてきている。大きい博物館を観て回ると、しばしば身体の耐久力テストをされているような気になる。より小さい博物館でもその多くで、階段やはっきりしない通路がつづいたりすると、つらくないわけはない。きわめて深刻な不便さを軽減させるには唯一、博物館の改修しかないことも往々にしてある。博物館を訪れる楽しみは、いすを置いたり休息の場所を設置したりすることによって、すっかり変化させることができる。同様にまったく遺憾なことには、衛生施設が監査対象基準の項目にまだ入っていない。また、カフェテリアやレストランは必ずしも不可欠なものではないかもしれないが、あれば、過小評価する余地のないほど快適さを補って余りあるものとなろう。

こんにち、ほとんどの近代的博物館は、会議室、視聴覚プレゼンテーション・ホールを持ち、直接、コレクションの発見につながるような、また音楽愛好家、映画愛好家を博物館に引きつけることに役立つさまざまな活動を行なっている。

最後に書店とショップは、大小の博物館において、持続したリズムで育ってきている。国立博物館連合はこの活動を組織的に作った最初のものであるが、現に数多くの書店を経営し、コレクションをよりよく知ることに結びつくような、絶え間なく増えつづける大量の出版物を頒布している。

6　喜びの場所である博物館は、同時に、育成、調査、研究の場所

コレクションに付随する図書館の数が、このことをよく示している。五〇〇館近い博物館が、こんにち、図書館、ドキュメンテーション・センター（サントル・ド・ドキュマンタシオン）[1]、メディアテーク[2]、もしくはイコノテークを併設している。[3] このうちあらゆる公衆に公開されているのは二〇〇館で、他は学生、教員、研究者などに限定している。

（1）所蔵作品などについてあらゆる関連記事や図版類をファイリングした資料室。専門分野の資料室を指すこともある〔訳注〕。

（2）図書資料のほか、ビデオ、CDなどさまざまなメディアを扱う。フランスでは図書館（ビブリオテーク）のかわりにこの名称がよく使われている〔訳注〕。

（3）複製図版、プリント写真、スライドなどを集めた画像資料館〔訳注〕。

博物館のうち教育機関との連携は、現在八〇〇館以上で組織されている。規模も活動も明らかに大きく違う教育事業は、博物館をわが国の一般教育に対する主要な援助網の一つとすることに役立っている。美術のみならず歴史、文学、科学技術など、こんにちわが国の都市や地方がもつ数えきれないほどのコレクションのなかから何らかの説明が見出せないような科目はないのである。

Ⅲ　博物館の職能と仕事

伝統的な博物館像は、ぼんやりしていながら自身の大切な研究には没頭する学芸員、引退を無気力に待ちこがれる守衛のイメージと結びついていた。大勢の観客がつめかけ、多くの博物館が再生してくると、こうしたお決まりのイメージを根底からくつがえすことになった。もちろんこうしたものが完全に消えてなくなったわけではないが。この二〇年来、三つの傾向、すなわち専門職化、仕事の多様化、定員の増加が、まったく違った風景をかもし出した。

これまで、保存や、観客受入れの技術を多少とも身につけていた職員が自発的に担当することの多かった仕事の大部分が、**専門職化**される。今後、それらの仕事はしかるべく養成され選抜試験が課されたうえで、到達できるような身分が示すようなものとなる。

活動の発展により、学芸員と守衛の二者だけでつくりあげていたような博物館像をはるかに超えて、仕事はきわめて**多様化**してきた。技術系の職員は、新しい博物館の高度かつ複雑な装置を管理するためにますます必要になっており、「文化的仲介」（メディアシオン・キュルチュレル[1]）の仕事は、観客の新しい要請に応えるもので、修復の専門家は、作品の維持という新しい需要に応えうるほど充分配置されておらず、それに、行政的、商務的な仕事は、まさに文化的集団の周辺にあって増加している。

要するに、博物館は**文化的職務**の無視できない部門になっており、一九九〇年、フランス博物館局に

（1）担当者を文化メディアトゥールと称す。一三一頁を参照〔訳注〕。

職能・職務部が創設され、専門的に究められた発展に貢献すべく努力している。

1　学芸員

学芸員は、その経てきた昇進の段階や、採用した雇用主の違いによって、いまだにきわめて不均一な集団を構成している。

国に所属する博物館の学芸員は、おおむねその関連する省との結びつきによって、どのような身分であるかが判る。すなわち、国民教育省博物館の学芸員は、中等・高等教育機関の出身者、軍事博物館の学芸員は、提督あるいは将官、郵政博物館の学芸員は、郵政省の出である。これは税関博物館（ボルドー）の学芸員が財務行政の出であるのと同様である。ただ文化省傘下のフランス博物館局によって管理されている博物館の学芸員だけは、学芸員特有の身分を持ち、同じく特有の養成を受ける。

一八八二年に創設された**エコール・デュ・ルーヴル**[1]〔ルーヴル学校の意〕は徐々に学芸員採用システムの主要な部門となり、事実、ほぼ独占的な地位を占めている。歴史、美学など大学の他の研究分野と強く結びついた美術史教育が発達していた大学とは逆に、エコール・デュ・ルーヴルの教育は、本来的に、またほぼ全面的に博物館とその作品に結びついている。博物館の学芸員一般ととくにルーヴルの学芸員は、教育も採用試験の組織も独占的に共有していたので、このように協力システムが少しずつ根付いてきている。

（1）その名前にもかかわらず、エコール・デュ・ルーヴルは、「公施設法人ルーヴル美術館」からまったく独立している。一九八一年以降、国立博物館連合によって運営され、一九九八年一月一日に、自立した「公施設法人」となった。

このシステムは、専門的能力は確かであるが世間を理解することは主要な特性としない、そうした集団を形成するのには大きく貢献した。外部への寄与は実際問題としてありえなかったし、博物館の外部にあえて出ていく学芸員もまれであった。それに、養成課程では伝統的美術（絵画、彫刻、素描、工芸、古美術）がきわめて大幅に支配的位置を占め、近・現代美術、民族学、写真、さらには近年でもごく最近になって大発展したような研究分野には、あまり力を入れていない。

それでも学校は、この二〇年間に大いに変貌し、関連部門や仕事の多様化および需要の激増に代表されるような新しい挑戦に応えようとしている。定員を増やし、またこれに伴ってこんにちでは施設設備をルーヴルのフロール翼に再編するなどの大きな変化をとげたにもかかわらず、ここだけで需要の大きさに応えると言いきれるものではなかった。このことは多くの大学で新しい教育が展開し、またこの一〇年間にパリではいくつかの私立学校が創設されたことで説明のつくものである。

長期にわたる構想の果てに、一九九〇年、ようやく実現にこぎつけた改革は、専門職の養成の一本化を試みながら**複数の文化行政にかかわる学芸専門職団を統合するもの**である。「文化財学芸員」という新たな職団は、博物館、文書館、文化財目録、考古学にかかわる学芸員および歴史記念建造物監督官を統合再編している。[1]改革は専門職間における異動の促進、学芸職の新たな力関係における専門職養成への要求をさらに高め、今後大学教員や国立行政学院出身の上級職事務官と並ぶ地位とするような経済的条件の向上を正当化することなどを目指すものであった。

（1）一九九七年の実員、博物館学芸員二二一人、文書館学芸員二二八人、文化財目録学芸員九二人、考古学学芸員一〇〇人、歴史記念建造物学芸員四一人、図書館上級司書五人、総括学芸員一一三人。

国立行政学院を手本にして構想された国立文化財学院は、大学課程を終了した学芸員を募集する。この際、多くの学生は合わせてエコール・デュ・ルーヴルの教育も受けている。合格者は、そこで実地研修と文化機関や行政の幹部による教育とを一体化した職業教育を受ける。

科学的教育を履修したと見なされた者は次に、学芸員として責任を持つことになる施設を指揮していく使命が果たせるよう、組織力や行政能力を身につけるための研修を受ける。

改革とその適用条件とのバランスシートを引き出すのは、明らかにまだ少し早い。いくつかの動きが、部門から部門へと起こり、とくに文化財目録部門から博物館部門へ動いている。しかし、こうした人の移動も、もし各部門が出と入の帳尻を厳密に合わせようとするとすぐに限界が見えてしまう。文化財学院は、質の高い卒業生を送り出しているが、それでも博物館を専門とするものの数は需要に対して少なすぎる。

地方公共団体の博物館学芸員は、一九九一年九月二日の政令で実施された文化部門地方公務員の身分についての改革が行なわれたことに伴い、その身分は大いに変わった。

以来、学芸員の仕事は、階級的に五つの職階に分けられている。(一九九七年現在)

——主任学芸員　七〇人
——学芸員　五〇〇人
——学芸員補　七八人
——有資格助手
——助手

フランス博物館局がその運用を統括する「適性者リスト」の枠内で過去に採用され、改革時に在職していた学芸員(約六〇〇人)は、専門学歴、経歴、当時の職責のレベルがきわめて多様であったにもかかわらず、一つの新しい職団に統合された。しかし、地方公共団体の職員数の上昇を抑え、かつ学芸員補という新しい職階を現実的なものにしたい予算省と内務省は、最終的には学芸員、主任学芸員で埋めることになる職員定数を厳格に制限しようと注意を払った。

こうして長い討論の末に、四一〇人の定員リストが作られたのは、それは次のようなことを迫るものである。

——いくつかの博物館は学芸員補に委ねる。その専門学歴は大学卒レベルとし、過去に採用された多くの学芸員のそれと最終的にはほとんど違いがないこと。

——学芸員と主任学芸員の数を総体的に縮小し、これらを中心に有資格助手、学芸員補を拡充するように、大規模博物館あっては学芸班を構成すること、農村部の小規模博物館を取りまとめるため県レベルでの学芸組織を編成すること、大都市にあっては市レベルでの学芸員班を一般化すること。

2 受付と監視の仕事

近年、監視の仕事が学芸の職務ほど発達しなかったというわけではない。十九世紀にルーヴルが擁した何十人かの守衛たちは、好ましからざる来訪者に対しては警察、「中産階級」の観客の受付、作品の不寝番などきわめて多様な職務を引き受けていた。一九一四年の戦争の帰結とこれに伴って「優先雇用」により旧軍人のなかから博物館の守衛を採用する制度は、この仕事のあり方を変え、その仕事のイメージをきわめて鮮明にするものとなった。前大戦ののち、海外県、海外領土からの採用組（国立博物館）は、「守衛」人口を若返らせ、その職域において強固な連帯感を育むのに役立った。全般的にはこのように進展してきたが、（博物館の運営方式によっては）その身分に、（博物館の性質や規模によっては）その実務に大きな差異を生じ、これを維持してゆかなければならなくなった。しかし、このような多様性を超えて、一つの大きな変化がここ何年かの間に起こりつつある。

博物館の受付および監視は、来館者の数ほど急速にではないが頻繁に増員され、その数は非常に増加している。このなかでフランス博物館局は、その行政監督下に置かれる博物館として、二〇〇〇人近くを管理している。この数は省全体の同種の職員数の三分の二（歴史記念建造物を含む）ということになる。国、公共団体、あるいは私的機関に属する博物館、さらにはさまざまな身分（正職員、契約職員）を考慮に入れれば、何千という数になろう。同時に、観衆、それも博物館になじみが薄く絶え間なく情報をもとめてくる観衆が増加し、さらには作品保全にかかわる仕事も増えて、その職務自体が根底から変容することとなった。守衛という伝統的な呼称で監視業務を規定していたことに代えて、多くの身分がつくられたことは、こうした変化をよく示している。

最後に、競争試験による採用形態が一般化し、労働市場が進展してくると、若い人びとが数多く博物館に入ってくるようになった。そのうちの無視できない部分（こんにちでは約二〇パーセント）が、中等教育レベルを越えている。「古参」のヒエラルキーや伝統的な仕事の進め方に我慢がならないこうした人びとは、変革への力強いてことなっている。

博物館局によって近年進められた数々の研究を通して明らかにされた変化を通じて、監視の地位や具体的実務に関する一連の熟慮、討論、提案などが行なわれるようになった。

職員や来訪者に対する禁止事項という形でおおむね言い表わされているような守衛の仕事の消極的定義から、来訪者の受付、警報システムの技術的プロセス管理、作品保全のための統制にかかわる、より積極的定義へ向けての移行が始まっている。こうした任務の多様化は、小規模博物館にあっては各職員が複数の機能や能力を再確認することにつながり、大規模施設にあっては明確に分かれた各職務間での異動を組織的に行なうことにつながっている。

3　博物館のその他の仕事

これまで内部的に多様化の動きを示していることを見てきた保存と監視の職務の間にあって、新たな仕事も登場してきており、別個の養成や採用に頼らざるをえなくなっている。

学芸職の仕事は、その周辺に次のような新たな専門性を生み出すまでに多様化している——修復家、予防的もしくは治療的保存助手、レジストラー(1)、ドキュメンタリスト。

(1) 作品の受け入れ、登録や貸出しを含む作品管理を担当する専門職〔訳注〕。

受付および文化普及の職務は、同様に専門的な養成を経た次のようなスタッフに頼ることになる——受付嬢、ガイドおよび講師、文化メディアトゥール(1)、エデュケーターおよび教員、司書および書店員。結局のところ、高度に分業が行なわれているあらゆる組織がそうであるように、博物館は、行政職、技術職、商務職などのスタッフの増員にも頼らざるをえない。このようにしてルーヴルは、何十人もの本部スタッフを擁している。しかし多くの博物館は、大規模館にしても、中規模館にしても、学術的、文化的計画と観衆との双方の要求を結びつけ、これをよりよく考慮に入れるために管理スタッフを強化し対応している。

(1) 芸術文化〔施設〕と市民、行政、アーティストなどを結びつける専門職〔訳注〕。

Ⅳ　博物館の建築と設備(1)

博物館とは、まず何よりもコレクションである。しかしコレクションを擁する建物こそ、このことを強くまた長期にわたって決定づけている。それでも保存についての教育における建築の位置づけは、随分慎ましいものである。これと対をなすように、建築についての教育は、最近の博物館の復活にもかかわらず、ミュゼオグラフィーの原理と技術においても実に乏しいものである。

このような状況のなかでは、ちょうど学芸員と建築家の対話のように、コレクションと建物の対話を調和させるのがむずかしいことが時としてある。

（1）この章のタイトルは、リュクサンブール美術館学芸員ルイ・オートクールの有名な講演のタイトルである。一九三四年、マドリッドにおける博物館国際事務局の討論会のために発表され、『国立博物館連合テキスト』シリーズで一九九三年に出版された。

1　歴史的起源――コレクションと歴史記念建造物

「驚異の部屋」や美術、考古学コレクションは、貴族や王族、教会の枢機卿あるいは大ブルジョアの宮殿のなかで生まれている。

ブーレ〔一七二八～一七九九年、建築家〕によって構想が練られた理想的博物館の計画にもかかわらず、フランス革命が、それ以降国家の所有物となったコレクションを託すのは、きわめて論理的なことに最も威厳のある宮殿のなかであった。一七九〇年以降、アレクサンドル・ルノワールは、彼のフランス記念建造物博物館をプティ・ゾーギュスタン〔修道院〕に置いている。しかしながら、美術コレクションが展示されるのは、ルーヴルにおいてであり、他方ヴェルサイユは、〔公園に由来する〕彫刻、〔住居にある〕絵画コレクション、および自然史陳列室、音楽室を受け入れている。

運動は地方でも同様である。修道院の建物は各地で接収され、そこにコレクションが置かれた。たとえばリール（ルコレ修道院）、トゥールーズ（オーギュスタン修道院）、アラス（サン＝ヴァアスト大修道院）、それに、ランス（サン・ドニ大修道院）で。宮殿（大邸宅）も、とくに、ディジョン（公爵邸）、ストラスブール（枢機卿ともなった「ロアン」の司教邸）で占拠され同様に使われている。

こうした傾向は、十九世紀を通じて幅をきかせ、エクスで援助修道会の旧小修道院にコレクションが移されたのは一八八八年である。

一九八二年、「地方」博物館の監査では、調査した一〇〇〇館のうち、なお四分の一以上が修道院の建物に、五分の一強が私邸に、さらに五分の一が宮殿もしくは城館に置かれている。一方、新しい建造物は、十九世紀のものは一〇分の一弱、二十世紀のものは、四分の一しか占めていない。

このようにわが国のコレクションの主要な部分は、歴史的な建物のなかで展示紹介されている、と言えそうである。しかしながら、作品の保存と展示紹介のために必要なことと、記念建造物自体の保存と活用についての要請をいかに結びつけるかが、つねに一つの問題を投げかけていることは認めなければならない。

とくに、博物館局が管理運営している王室の宮殿すべてに矛盾が存在する。そこでルーヴルでは、最近のコレクション再編展示の際、時には、建物のあるいくつかの要素を問題にしてこれに対処しており、ナポレオン三世の住まいがあれば、保全のためにこれを避けて作品展示の流れをつくるよう留意している。しかし、ヴェルサイユ、コンピエーニュ、フォンテーヌブローなどでも同じ問題が起きており、その建物とさらに装飾までもが、何世紀も通して増加してやまなかった。場合によっては起こりうる矛盾を否定するよりも、客観的制約としてそれらを受け入れ、必要な妥協点を探った方がよいのである。同様に装飾と家具類を欠いた記念建築物を訪れて嘆かわしいと思うことがよくあるが、博物館は、それ自体が入っている宮殿の装飾や建物を展示紹介することが、まだあまりにも少なすぎると認識しなければならない。この意味で、ルーヴルとサン＝ジェルマンでは模型を置き、優雅にまた教育的方法で宮殿の歴史を展示紹介している。しかしこれはまだ例外でしかない。

2 コレクションのために十九世紀に建造された博物館

こうした矛盾を解消し、コレクションの学術的文化的使命を主張するためにこそ、十九世紀には、都市の中心部に、文化と芸術のための大建築が多く建てられた(1)。

(1) 十九世紀に建てられた美術宮殿――レンヌ、美術館・学部宮殿一八四九～一八五五年。サン＝テチエンヌ、美術館、一八五六年。アミヤン、建築家ディエのピカルディー博物館、一八五五～一八六九年。グルノーブル、建築家ケステルの美術館・図書館、一八七〇年。マルセイユ、ロンシャン宮、美術館、自然史博物館。カンペール、建築家ビゴによる美術館、一八七二年。ルアン、建築家ルイ＝シャルル・ソヴァジョによる美術館・図書館、一八七七～一八八八年。リール、建築家ベラールとデルマの美術宮殿、一八九二～一八九五年。ナント、建築家ジョッソの美術宮殿、一八九三～一九〇〇年。クレルモン＝フェラン、バルゴアン美術・考古学博物館、一九〇三年。

世紀のなかば過ぎに始まった動きは、第二帝政下、および再度世紀末、隆盛を極めた第三共和政の下で拡大している。

都市の中心部に建てられた博物館には、県庁に面したもの（リール、アミヤン）、市役所の隣（カンペール）、学部と併設（レンヌ）、図書館と併設（グルノーブル、ルアン〈同じ建物〉、アミヤン、クレルモン＝フェラン〈建物が隣接〉）、あるいは自然史博物館と併設（マルセイユ）がある。

いたるところで、知の聖堂は、その破風や列柱、重々しい鉄柵や広い階段をもって、未だ少数者のためだけにある文化というイメージを都市の人びとに植えつけた。

しかしながら、内部の装飾は組織的な研究の証しでもあろう、照明（多くの場合天井採光）、人の流れ、色彩、来訪者にとって快適な設備に関しては、すばらしいできのものが多い。(ナントの例でいえば、とりわけ長椅子の着想は機能的優雅さの頂点に達するものであり、幸い最近の改修時にもそのまま残されている)。

こうした展開のすべてが、世紀末に国立美術学校でJ・ギュアデ〔一八三四～一九〇八年、建築評論家〕が教鞭をとった建築理論の講義でみごとに定式化され、「公教育の建造物」に関する章の博物館に当てた詳説部分に示されている。

彼はそこでミュゼオグラフィーの最初の原理を断固として述べている。「何よりもまず、展示物は、よく見られなければならない」。絵画、彫刻、小品、動物学あるいは自然史のギャラリーなど、コレクションのそれぞれの型にとって好ましい人の流れ、照明、装飾について引き出すべき結論とともに彼はこう強調しているのである。

教育と喜びの場と見なされている博物館は、展示紹介には充分な場所を与え、保存については少ししか配慮しなくなっている。この時期、収蔵庫、何らかの技術的スペース、あるいはレストランについて体系的に考察されることはほとんどなかった。

3 一九三〇年代の近代的宮殿

フランス、というよりも多分他の外国、とりわけアメリカのいく人かの建築家や学芸員の影響の下、第一次大戦後の何年かを通じて、博物館国際事務局のなかで組織的考察が行なわれている。一九二九年以来、オーギュスト・ペレは、建築を博物館の保存、教育、喜びという使命に役立てるように努めている。(1) しかしながら、新しい原則をもっと明確に打ち出したのは、当時リュクサンブール美術館の学芸員だったルイ・オートクールであった。

（1）「近代博物館」『ムゼイオン』博物館国際事務局季刊誌、一九二九年。一九九三年刊行の『テキストＲＭＮ』中のルイ・オートクールの記事へのアンドレ・デヴァレによる序文に引用。

あえて故意にも建物を作品に役立たせることを目指したペレの進め方をみずからの責任で手直しし、彼はそれぞれのコレクションに特有の性質に適応したプログラムの優位性について主張し、配置図、人の流れ、部屋の形、照明、材料、それに装飾について、いくつかの一般原則を見つけだすように努力している。

一九三〇年代にパリで行なわれたいくつもの大規模な催しは、この新しい哲学を実現する格好の機会となる。たとえば、植民地博覧会の中心館を入れるためポルト・ドレに建設された広大な植民地博物館は、鉄筋コンクリートを使用し、ゆったりとしてシンプルで、照明の行きとどいた空間を追求しつつ、果断なモダニズムを表わしている。その建築家ラプラードはネオ＝クラシックの列柱、広い階段、ジャニオ〔アルフレッド・ジャニオ、彫刻家〕の浅浮彫を使って、古き伝統にも敬意を払っている。

広く博物館の世界で建築の再生が際だつのは、一九三七年の万国博覧会のときであった。カルリュは、人類博物館とフランス記念建造物博物館のためにトロカデロ宮を再改修する。ペレは、イエナ広場に土木事業博物館を建設する。もっとも、これはつかの間の命しかもたなかったが。「発見の殿堂」は、大建築であることを誇示することなくグラン・パレのなかに収まる。ル・コルビュジエが夢見ていたパレ・ド・トーキョーは、ことのなりゆきからドンデルとオベールの手がけるものとなり、彼らはそこに国と市の近代美術館を置いた。

いずれの場合も、この種の催しで最優先される緊急時への配慮によって、仰々しくはないにしても堂々としてモニュメンタルな建築であることが優先され、学芸員の要求は緩和されることになる。

4 戦後の開拓者

戦後になり、当時ジャン・ヴェルニェ・ルイスが中心になって進めていた博物館監査の努力にもかかわらず、博物館は再建・刷新されるべき最初の文化施設群のなかに入ってこないことを認めなければならない。ただ一つの例外は、爆撃によって破壊され、マルローが一九六一年に立ち会って開館した新しい空間、ル・アーヴルの美術館〔ル・アーヴル・アンドレ・マルロー美術館〕である。六〇年代には図書館、それに文化会館が流行する。しかし、新しい博物館はまれである。ブザンソンでは、保存されたファサードの裏側にルイ・ミケル〔一九一三～一九八六年、建築家〕は、賢明にも、傾斜した平面（通路）を有機的に組み合わせた力強いデッサンに従って、一つのコンクリートの建物（一九六七～一九七〇年）を建設した。ポワティエは、コンクリートとガラスによる同様の様式で、そのコレクションに簡素な外観を与えている。デュビュィッソンは、綿密さを極めたミュゼオグラフィー上の計画と一方ではコレクションのための黒い箱と事務室のためのガラスの塔という要件だけにとどめた建築計画に基づいた、国立民衆芸術・伝統博物館（一九六九年）の建設を依頼された。

ニースでは、アンドレ・エルマンが、マルク・シャガールによって遺贈されたコレクションを受け入れるために、心地よい都市公園の中央に、陰と光を巧みに扱ったコンクリートの美しい建物を建てた。

一九七〇年代の終わりには、設備に関するプログラム法律は、たいていの場合、結局は首尾一貫し充分に熟した計画を欠き、やっかいな中二階を各所に設け、床にカーペットを敷きつめ、自然光が不足していると判断したところには、蛍光灯を惜しげもなく設置するといったことになる。

それでもいくつかの事業は区別されねばならない。たとえば学芸員のジャック・ラファルグと建築家のベルナール・ゼールフュスは、リヨンにガロ・ロマン文明博物館を建設し、これは発掘現場と統合した一つのモデルとなっている。

同様に、メッスとトゥールーズでは、精力的な学芸員たちが、手本となるような刷新事業を指揮している。

5　一九七〇年～八〇年代のパリの大事業

一九七〇年～八〇年代のパリの大事業は、相次いで登場した三人の共和国大統領の専断的な参加のおかげで開始され、わが国の博物館の発展のなかで決定的な一転機を画している。それは、われわれの仲間および議員たちが、その必要とする近代性を認めさせるものであったからである。

計画着手から三〇年、ジョルジュ・ポンピドゥー芸術文化センターに文化会館の最新の化身、あるいは前世紀そうであったように図書館と併設された新しい美術館の到来を見なければならないかどうかは必ずしもよくわからない。討論を閉じる準備はまだできていない。しかし、もし、作品を掛けるため、また気候の不順からなるべく費用をかけないで作品を守るためには、充分有用であるはずの壁に不満を抱くことができるとすれば、一方では宮殿のような形式を捨て、また敷居を廃止して、ピアノとロジャースはよくも想像力を解き放ったということを認識することが必要である。

ロラン・シムネが、マレ地区のサレ館でとりかかかり、推し進めた、困難のなかったとはいえない仕事は、まったく異質なものである。彼は、一人の作家の作品という完全に定義されたコレクションの周りに、これを入れる貴族の住まいの優雅さを尊重しながら、壁のもつヴォリューム〔天井の高さとの兼ね合いで生まれる量感〕と光が醸し出す極限にまで高度かつ繊細なスクリーンを、ピカソ作品のために建立したのである。

ボブールにつづいて、オルセーでは駅舎を活用する決定を行ない、博物館は第二の挑戦にうって出る。あまりにもモニュメンタルな空間であるがために、収蔵品をあれだけの光にさらし、あのような取り扱いをすることは、こんにちではたやすい。しかし、最初の建築家チームが味わった当初の試練や憔悴を思い起こせば、学芸員チームと建設法人歴代総裁の仕事は正当に評価される。敢然と公衆に開かれ、しかも近代的保存設備（とりわけ収蔵庫と保安設備）を持つ美術館が、パリという舞台に初めて登場したのである。

グラン・ルーヴルの端緒には二つの主要な決定が関係していた。すなわち大蔵省の数部署に移転先を用意することとクール・ナポレオンの中心部に入口を建設することである。この二つは、すでに一九八一年から決まっていた。ワシントン・ナショナル・ギャラリーの東翼の建設で有名になったばかりのイオ・ミン・ペイの名を挙げると同時に、建設法人総裁エミール・ビアシーニは、学芸員たちと密接な連絡を取りながら厳密かつ模範的に計画をこなしていった。コレクションを再編成することだけが問題ではなかった。年間何百万という来訪者に向き合ってこれを受け入れるスペースを想像し、今後近代的美術館とは切り離すことのできない教育的文化的設備を構想し、とりわけ技術的スペース、収蔵庫および修復アトリエを整備することがさらに必要であった。こうしたもろもろのスペースは今後、常設展示もしくは特別展のスペースを削るかたちで確保されることになる。万人に認められた成功は、コンセンサスを得て推進された努力にふさわしいものである。それはヴォリューム、光、使用素材、人の流れに関係することであり、建築家チームと学芸員チームの卓越した職業意識をよく示している。(1)

（1）一九九七年十二月に完成したグラン・ルーヴルの工事では、七万二〇〇〇平方メートルの展示室が創設もしくは改修された（うち、六万一三〇〇平方メートルはルーヴル美術館に、一万二〇〇平方メートルは装飾美術館とモード美術館に当てられている）、さらに十一万五三〇〇平方メートルが、玄関ホールと観衆サービス部門、技術的スペースおよび作品収蔵庫のために整備された。

乗り切らなければならなかったいくつもの論争を人はすぐに忘れるものである。それらのうち、「ピラミッド」の喚起したものはけっして小さくはなかった。かつてポンピドゥー・センターやオルセー美術館が提起し、それにつづくこうしたいざこざではあったが、これらを通じてこそ、博物館建築の問題は、専門家グループの手を離れて公開討論の対象にまでなったのである。博物館のイメージが根底から修正されたのも、地方の有力議員たちが他の文化的施設を優先したため長い間見捨てていた博物館に再び関心を抱き始めたのも、同じくこうしたいざこざのおかげである。

一九八〇年代と九〇年代に地方では多くの建築工事が行なわれたが、これらは一九七〇年代から八〇年代にかけて、首都で国が推進した諸事業が広範に及ぼした余波である。運動は国の財政的・技術的援助のもと、何百という博物館、それがかかわっているカテゴリーに応じて、実にさまざまな態様で徐々に拡がった。

6　最近二十年間における「地方の」大事業

(A)美術館——おそらく大規模美術館網の刷新が、最も目につく。十九世紀に設置された宮殿の大部分が、こんにちまだ工事中だからである。

大規模な事業のなかでは、カンペール、ナント、カン、リヨン、アミヤン、ルアン、リール、ヴァランシエンヌ、ナンシー……など一〇箇所近くで工事が終わったばかりである。

博物館の建設・増改築に使われた国の予算額
（単位：100万フラン）

	1981	*1982*	*1983*	*1984*	*1985*	*1986*	*1987*	*1988*
国立博物館	114	143	181	114	104	80	83	83
ルーヴル	0	0	0	350	720	885	242	195
国民教育省博物館								
装飾美術中央連合博物館		18	20	22	21	22	25	26
地方公共団体博物館への投資的経費補助金	56	95	120	95	80	68	71	87
合計	170	256	321	581	925	1 055	421	391

	1989	*1990*	*1991*	*1992*	*1993*	*1994*	*1995*	*1996*
国立博物館	94	100	97	103	107	81	98	124
ルーヴル	647	628	591	380	461	259	250	165
国民教育省博物館		144	222	175	(?)	(?)	(?)	(?)
装飾美術中央連合博物館	27	30	34	36		29	39	79
地方公共団体博物館への投資的経費補助金	93	186	227	227	214	161	132	71
合計	861	1 088	1 171	927				

これら多くの場合、十九世紀に構想され、一九七〇年代末のプログラム法律にいたるまで何十年にもわたって改悪が重ねられてきた壮麗な空間を修復しようとするものである。結果が目覚ましいのはルアンである。そこではソヴァジョの堂々たるヴォリュームが新たに息づいている。ナントでは、細心綿密な完成を成し遂げており、ジョッソによるヴォリュームの修復は、中央パティオ（中庭）の近代的価値を引き立たせ、これはフランスで最も美しい展示場の一つとなっている。

このように数多くの改修が行なわれたが、新築はエピナルとグルノーブルの二つを数えるのみである。なかでもグルノーブルは一九九四年はじめに開館したが、事実、フランスで最も重要なコレクションの一つのために建設されたもので、地方美術館中最大規模のものである。

クレルモン＝フェランもあげておきたい。そこでは、アドリアン・ファンシルベールが、すでに憲兵隊兵舎に転用されていた昔の修道院のなかで、上に優雅な雨傘を置いたパティオの周りに、複雑ではあるが意図の読み取れる、活気ある空間を整備した。

この系列の最後に、モンペリエのファーブル美術館とマルセイユのロンシャン宮にも「触れ」ておこう。二つともプログラム法律の犠牲であり、レンヌ、ディジョン、トゥールとアンジェも同様である。

(B)現代美術館――改修が優位を占めている美術館とは逆に、現代美術館の創設ではほぼ一貫して、またかなり理にかなったことに、新しく建設されることになる。ほぼ同じ規模の三つの博物館がこの時期に建設された。すなわち、一九八一～一九八三年ヴィルヌーヴ・ダスク、ロラン・シムネ（七八〇〇平方メートル）、一九八七年サン＝テチエンヌ、ディディエ・ギシャール（七二〇〇平方メートル）、一九九〇年ニース、イヴ・バヤールとアンリ・ヴィダル（九〇〇〇平方メートル）である。それでもおのおのに特徴があり、シムネによるコンクリートと煉瓦で処理されたヴォリュームの崇高な遊び、ディディエ・ギシャールが内部空間と頂光とを巧みに変化させることに賭けた大ホール、ニースでは四本の支柱の大きなヴォリュームを金属とガラスによる建築で連絡している。

より最近では、ノーマン・フォスターは、ニームに外側がすべて透けて見える洗練された優雅さをもつ建物〔カレ・ダール〕をメゾン・カレに対称させてその前に建てた。建物は敷地一万六〇〇〇平方メートルで、現代美術館とメディアテークを擁している。

アドリアン・ファンシルベールが、ごく最近ストラスブールで構想した博物館についていえば、イル川の対岸から県会庁舎の量塊が迫り、すでにかき乱されてはいるものの、建築家は熟考の末、脆弱な都市空間にみずからの建物のヴォリュームを注意深く同化させ、博物館はなおその量感を保っている。

このような新しい、時に大胆な建設のほかに、ボルドー、ニース、セレにおける異なった規模での既存建築物改造事業を引き合いに出さなければならない。

巨大な倉庫とその石の丸天井は、あたかも魔術のように作用して、そのスペース全体が整備されて以来、ボルドーの現代美術館〔現代造形芸術センター〕（CAPC）の成功のために大きく貢献している。ニースではマチス美術館が再びシミエ荘に置かれたが、完全に改装されるとともに建物の基礎から増築して、広い玄関スペースを確保している。そして、セレではカタロニアの建築家ジョーム・フレクサが、憲兵隊兵舎、昔の小さな博物館、市営共同洗濯所をまとめて、大いなる優雅さをもった一つの博物館を創設した。そこではさまざまなヴォリュームが永遠の価値をもつ光とよく調和している。

(C)考古学博物館——近代博物館建築の刷新のなかで重要であるとともに、きわめて特別な役割を果たしている。

ボルドーのアキテーヌ博物館あるいは、ストラスブールのロアン宮の地下、これらはともに何といっても質の高いものであるが、こうした地方主要都市の博物館の刷新事業を除けば、最近の建設の大部分は遺跡博物館である。発掘と同じ場所、すなわちフルヴィエールの丘の斜面にオーギュスト劇場とシベルの神殿の間に、建築家ベルナール・ゼールフュスがきわめて大胆にも創案した方式に従って、リヨンのガロ゠ロマン文明博物館は設立された。博物館は同時に、その質こそがプロジェクトの構成要素となっているような関係を環境との間に保っている。

それにしても方式は、きわめて多様である。ヌムールでは、先史時代の遺跡でロラン・シムネが、周囲の環境とさまざまな時代の植物相を再構成した中庭に向かって広く開放されたコンクリートの空間を建設した。

サレール・ドードでは、建築家ロラン・カストロのチームが、知られる限りガロ・ロマンの世界で最大級の陶器製造所の遺跡に歩道橋を架け、巨大なパラソルを立てた。アルルでは、アンリ・シリアニがローヌ川の中州に青のセラミックで覆われた巨大な博物館を創り出した。そのファサードはローマの円形闘技場の曲線とよく対応している。

レ・ゼジー・ド・タヤックでは、断崖と平行に走る長い壁の背後に博物館を隠し、長く走る断層から、陽の目を探し出すという仕掛けをつくった。遺跡との統合をいかに解決するか、その多様性を明かにするには、本来なら、さらにアルジャントマギュス、サン゠ロマン゠アン゠ギャル、モン゠ヴゥヴレー、カンソンを挙げなければならない。

建築家の想像力は、さまざまな幸運によって規範や規則をものともしない。しかも、考古学の分野のみならず、博物館それ自体およびこれをとりまく空間への開放についての省察を新たにすることに貢献するのである。

(D)「社会博物館」――より効果的な定義がないので、今では非常に多様なものを一緒にしてこの包括的な呼称のもとで使うのが一般的になっている。すなわち歴史博物館から装飾美術・職人工芸博物館まで、農村のエコミュゼから、産業のものであれ農業のものであれ、野外博物館まで。

こうした捉え方の斬新さとも相まって、多様であること自体が、建築モデルや、実のところ建築の概念そのものの再検討を迫っている。ただ多くのエコミュゼは博物館の古典的概念に忠実で、前世紀のアルラタン博物館のように歴史的建物のなかに設置され、ガラスケースに入れて「博物館学」的展示紹介がなされている。同様に、サン＝テチエンヌのリボン博物館、あるいは、ミュルーズの自動車博物館のように多くの技術博物館では、ごく古典的な展示紹介がなされている。

フルミ＝トレロン（アヴノワ地方〔ノール県東部〕）のように昔の製糸工場内にアトリエや労働者の室内をも再現しながら、その産業の活気を永続化しようとすれば、マルケーズ（ランド県）やキュザル（ロ県）の「野外博物館」での農村における均衡のとれた情景、さらにドゥアルヌネのドック周辺の旧港におけるアニマシオン活動など、それぞれに違った行き方がある。

したがって考古学博物館のように、外に向かって博物館を開けていくという課題だけでなく、博物館そのものの空間を整備することも課題である。

このような多様性は、標準化には適さないという風に理解することもできる。それは、おそらくごく最近の進化の到達点として、博物館に関する建築上の展開を最もよく性格づけるものである。どの博物館も、同じ一つの範疇に入るものでさえ、他のものに似ていないし、似させるべきでもない。あらゆる計画が、コレクションについて、街の内、外を問わずその設置場所について、あるいは住民との望ましい関係についても、それぞれ特有のものである。

実際、さまざまなコレクション、建築現場、施主に対して単純な規範を押しつけることは不可能なように思われる。しかし、事業の数や規模が増大し、同じく国の負担する資金量が多くなるにつれて、国は建築の進め方を形式化するようになった。

さらにきめ細かな省察が加えられるようになったのは、まさに八〇年代初め、「指定・登録博物館総合監査」のなかである。最も革新的な考えは、財務運営において国を援助するために建築コンサルタントを採用し、施主である公共団体とその学芸員、それに施工者である建築家の間で実り多い対話を維持することにあった。

計画化の様式やコンクール・発注管理の組織を定めるため、また材料を調査・選別し、品質の最低基準を設定し、作品保存と来館者の安全のための規範を的確にするために、すでに大きな進歩が達成されている。しかし、建築家に対しても学芸員に対しても、こうした原則と規則を普及し、教育するために、できることはまだ数多くあるであろう。

例外的に豊かだったこの一〇年を経た今、博物館は、なお現代建築が花開く中枢の場に連なっている。

結び——フランス博物館の将来

多くの人が博物館を、文化の他の発展形式に道をゆずるべきだと思うような、少し時代遅れの施設と考えるようになって、たかだか二〇年である。その活動力と光輝は、こんにち、あまりにも性急で、フランスでは、多少なりとも不安を懐きながら、「博物館狂」について語ったり、その「増殖」について思い起こすことは、当然の成り行きである。博物館の近代化と拡充運動は、実際、先進国全体にかかわっている。そして、フランスは、多くの分野でひたすら遅れを取り戻そうとしている。しかし、自主的行動の増加を目のあたりにするとき、わが国の博物館の発展をはっきりと展望する必要性とともに、国と地方公共団体との首尾一貫した政策を要望するほうが、より急を要すると思われるのは事実である。

I　フランスの個別博物館のための学術的・文化的計画

コレクションへの情熱と寄贈の偶然性が結びつくと、しばしば立派な博物館を形成するが、これが方程式とはなりにくい。だが、こんにちの創始者の情熱と同様に、古くからのコレクションの単なる蓄積も、博物館の持続的な輝きを保証するのではなく、その結果、公共団体からの必要な支持が保証されるものでもない。あまりにも多くの博物館が、その存在の古さゆえ恒久性が保証され、その博物館の使命についての考察をすべてやめてしまっても当然のことと考えている。あまりにも多くの最近の蒐集家が、自分たちの情熱は、自動的に、また恒久的に多くの利用者によって共有されていると信じこんでいる。しかし実際には、多くの博物館が休眠状態だったし、そのコレクションは危険にさらされていた。何となれば、利用者は顔を背けてしまい、責任を持つべき公共団体は、すでに興味を持っていないことが明白であるからだ。

計画の競争と利用者の要求を前にして、どの博物館も手持ちの資産を運用するだけで満足はできない。大規模なものあるいは小規模なもの、国家のものあるいは地方のもの、公共のものあるいは私的なものなど、どの博物館もその使命、コレクションと利用者の進化、都市や地方でのみずからの役割、国内的、また国際的な場面でのみずからの地位について自分に問いかけて、つまり、その文化的計画を明確に示すべきである。この計画は、創設や改修といった建築上のプログラミングの限界を大幅に超えるものである。逆に、建築事業があるからこそ計画がなおいっそう必要となると言ってもよい。計画は、コレクション、地理的環境、それが訴えかけている利用者、その発展を支える団体の性質に応じて、その施設の文化的指針の基礎となる。職員と博物館関係者を結ぶ全体としての活力をつけることにより、博物館は永続性を約束され、永遠の発達の展望をとりつける。

コレクションの保存と価値付けを一緒に配慮し、利用者をつねに思いやりながら、文化的・学術的計画を実現させる水準に保ち、着実に博物館を維持していくことは、博物館で責任ある仕事をしている当事者にとって容易ではない。それらをそこで援助するのが、国の行政の役目である。いろいろな監督省庁の中央部署、地方に分散されている監督機関とサービス機関は、博物館の質を感じさせる多少なりとも明白な評価に応じて、惜しみなく助言したり、予算額を配分するのである。

評価をする基準について、多くの国は、ここ何十年の間、博物館の内在的特性についての認識を形成する可能性のある「部類分け」の組織に焦点を合わせるようにしていた。デンマークの場合（一九八四年六月六日の法律）、スペインでは、カタロニア行政区（一九九〇年十月十七日の法律）の場合がそれである。もっと実際的なのは、伝統に従い英国諸島は、「博物館・ギャラリー委員会」に委ねた。国に認められた自治組織であり、博物館全体の「登録計画策定」の責任を負っている。フランスでは（一九四五年七月十三日の法令で定義された）登録博物館のリストへの登載は、本質的に、学術的、文化的計画を全体的に評価するよりも、コレクションの質の評価によっている。要するに、リストの公開性、認可、定期的改訂がなく、教育的な効果の本質的な部分が抜け落ちている。実際、一般的な行政と、とくにフランス博物館局は、博物館をその多様な機能のまとまった理解の上に立って、発展させるための支援を確立することにまだ成功していなかった。

その欠陥を補塡するために、一九九三年二月、閣議に提出された法案は、いくつかの基準についての客観的評価に基づいた「フランス博物館」という範疇をあらかじめ用意した。その法案は、その後不幸なことであるが、まさにこの点において、放棄されたままとなっている。(1)

（1）その後、「フランス博物館に関する二〇〇二年一月四日の法律」が成立した。五、一六五〜一六七頁を参照〔訳注〕。

Ⅱ　フランス博物館の学術的組織

最初からのことであったが、美術、自然科学、科学技術の、三つの部類に国立博物館を組織しながら、創設者たちは、博物館に学術的で、百科全書的使命を与えてきた。この使命は中央博物館だけでなく、こんにちはっきりと、フランス博物館網全体にも及んでいる。したがって、その学術的組織は、あまりにもしばしば見失いがちであるが、社会的役割の基本的要素なのである。

1　国に属する博物館の学術的組織

これら最初からの三つの部類は、この観点からいって、非常に異なった発展の仕方をしてきた。結果的に見て均等ではないが、保存、研究、教育という三つの使命の間の調和を持続しようと努力することによって、国立自然史博物館は、その学術的な分野のほぼ全体を扱える程度に試験所と教授の職を増加させた。

科学技術院は後に国立工芸院となったが、ここ何十年かの間、もはやコレクションそれ自体とあまり関係のない応用技術教育に進歩をもたらした。

美術の領域で、学芸部の使命は、学芸員の側からすれば、確かに研究と調査の機能をつねに一緒に持ち合わせている。しかし、エコール・デュ・ルーヴルができるためには、十九世紀の終わりを待たなければならなかった。同様に、「大部門」におけるコレクションの組織は、徐々に変わってきただけであり、それが出てきた王室のコレクションについて列挙しているものと大差はない。現行の表は、美術だけでもルーヴルだけでもないが、網羅的かつ合理的なものからはほど遠い。第一条で三四の「国立博物館」の表を挙げ、第二条で一三の「大部門」の表を定めた後、「その責任の下におかれたコレクションに関連した使命の他に、これらの部は、フランス博物館局長の求めに応じて、美術史および作品保存の領域で、研究、調査、助言の使命を果たす」と明確に述べている。

文化省博物館局によって管理されている博物館の部門(1)

古代オリエント部	ルーヴル美術館
古代エジプト部	ルーヴル美術館
古代ギリシア・エトルリア・ローマ部	ルーヴル美術館
フランス古代部	国立古代博物館（サン＝ジェルマン＝アン＝レー）
中世・ルネサンス・近代工芸部	ルーヴル美術館
中世・ルネサンス・近代彫刻部	ルーヴル美術館
版画・素描部	ルーヴル美術館
絵画部	ルーヴル美術館
（国立中世美術館）	（クリュニー共同浴場）
（国立ルネサンス博物館）	（エクアン）
ヴェルサイユおよびトリアノン部	ヴェルサイユ
オルセー部（一八四八～一九一四年）	オルセー美術館
二十世紀部	国立近代美術館（協力機関）
アジア美術部	国立アジア美術館（ギメ美術館）
アフリカ・オセアニア美術部	国立アフリカ・オセアニア芸術博物館
（民衆芸術・伝統博物館）	国立民衆芸術・伝統博物館

（1）下段の美術館・博物館名は、一九～二一頁の表に準じて原書の簡略記述を補った〔訳注〕。

このように一覧してみると、統一性のないことと、欠落しているところが明らかになってくる。一覧は、古代と非ヨーロッパの美術・文明については地理的分類、中世から近代までの美術一般については歴史的分類、しかもルーヴルでは工芸・彫刻・絵画等「もの」の種別によるなど、中途半端な状態になっている。この一覧は、不充分な点を含んでいて、アメリカ美術・文明の部門がないことが問題になっているが、そのコレクションは、人類博物館に存在している。しかし、もっと深刻なのは、国立民衆芸術・伝統博物館を中心とし、また人類博物館[1]の民族学講座に関連して、フランス民族学についての大きな部門がないことである。一覧は、結局、第一二部門（一九九〇年十月十九日の政令により創設）が、同じ作品群に、ただ共通の植民地化によって集められたにすぎないアフリカとオセアニアの美術を合体させたケースや、あるいは、第一三部門（一九九一年七月二十五日の政令）いわゆる「二十世紀コレクション」が、当然その軸となる国立近代美術館を協力機関にとどめたケースには、いくらかの戸惑いが見てとれる。コレクションの成立にいたる複雑な歴史的歩みを軽く見て、あまりにも厳格で組織的な方法で、コレクションを組織しようと望めば、疑いもなく、極端で、非現実的なものとなろう。しかし、もし国が博物館を創設し、管理運営するのであれば、これらは博物館全体の参考調査機関となることが予想される。そのときから、多様化する可能性のある行政上の監督をはっきりと目立たせるようにしながら、それらの合理的定義、組織的分権化に向けてすべての分野で進化すべき管理運営方式や、行政上の障害から免れるべき学術的組織などにも注意を払うべきであろう。

（1）アフリカ、オセアニア、アジアについても非常に豊かである。

2 フランス博物館全体の学術的組織

国立文化財学院で学芸職集団の養成が統一的に行なわれるとともに、目録、保存、修復、展示とミュゼオグラフィー、収集と公開などの諸問題が似かよっていることから、異なるタイプの博物館領域ごとに、学術的協力組織が形成されようとしている。ただし、学芸員の伝統的自律性、博物館の長期にわたる百科全書的性格により、こうした組織もいまだ極端なまでに萌芽的な段階にとどまってい る。学芸員たちは、地方レベルでは、全国組織のなかに正式に位置づけられた「加盟分科会」を結成している。しかし、博物館がカバーするさまざまな領域のなかで、首尾一貫して永続するような学術的協力組織が自然に生まれた例は少ない。組織しようとしたいくつかのものは、ごく最近のものである。このようにして、「社会」博物館は全国連盟に再組織された。[1] 同様にして、歴史博物館の協会も成立した。協会運動に固有のものは、その自然発生的性格であるから、それを決定するのは、国家の権限ではなく、何らかの企図に支えられているということを証すことが重要である。学芸員一般の名において、協会を思いつかなくても、協会運動は巡り会いを容易にしたり、共通の仕事をしやすいようにする。これこそ近年、学術評議会の創設によって目指すところの目標である。

(1) 全国エコミュゼ・社会博物館連盟。

——二十世紀コレクション学芸員学術評議会
——アフリカ・オセアニア美術コレクション学芸員学術評議会
——装飾美術コレクション学芸員学術評議会
——歴史博物館学芸員学術評議会

極端な組織化をすることなく、この運動を成就し、敷衍するためにあらゆる機会がとらえられてきたことはまちがいない。このような博物館の学術的組織は、研究界、大学界に向けて博物館を最大限に開くために同時に利用されなければならない。すでに国立科学研究センターの研究室は、多くの国立博物館、とくに国立民衆芸術・伝統博物館（国立フランス民族学センター）、あるいはサン＝ジェルマン＝アン＝レーの国立古代博物館と関係を保っている。しかし、大学との結びつきは、パリと同じように地方でも非常に顕著に進められようとしている段階である。

III　全国的に一貫したフランス博物館の整備

図書館あるいは文書保管所とは逆に、博物館は、地方の多様性、歴史上の偶然の出来事、蒐集家の情熱と非常に結びついているので、地域全体が同質のネットワークで組織されているということは考えられない。しかし、格差が大きすぎること、すなわち、パリの地域に限った博物館の数での密度の高さ、ある地域での博物館のほとんど空白の状態は、明らかな、地域文化の是正の問題を投げかけている。首都圏と国内のそれを除く地域の間の関係は、おそらく他の文化の領域におけるよりも、さらに深刻で、戯画化されるまでになっている。

イル＝ド＝フランスには、国に属する博物館の主要部分が集中している。もし、これにパリ市の博物館、協会、私立、商業博物館を加えると、コレクションの厚みや豊富さ、観客の数、施設・設備や運営のための予算額といった点において、この地域圏だけでその他の地域圏全体を合わせたものを超えている。

この地域圏のなかだけでも、不均衡さが目に付かないことはない。もし、ヴェルサイユ、フォンテーヌブロー、エクアン、それにシャンティイの城、王、王族のコレクションを除外するならば、大博物館は、首都に集中している。周辺の区部と近郊で、地方の光輝を追い超すものはまれである。エクアンの博物館の国による創設、ブーローニュ＝ビヤンクールの新しい博物館〔オー＝ド＝セーヌ県立博物館エスパース・アルベール・カーン〕、ヴィトリーの近代美術館、イッシー＝レ＝ムリノーで役割を演じるトランプ博物館、エソンヌ県にあるビエーヴルの写真博物館などの建設は、自治体や国で決められ、計画された政策の現われとしてよりも、幸運な例外として見なされている。首都のなかでも、不均衡さは、目立たないものでもない。中央と西側の区は、一方は、ルーヴルのあるところ、チュイルリー、セーヌ両岸、(1)もう一方はシャイヨー丘の二つの大きな地域を中心に最も多くの博物館を集めている。(2)反対に、東側の区は、非常に希薄である。(アフリカ・オセアニア芸術博物館が、そこでは唯一の国の博物館である)。一三区と二〇区は、博物館を一つも持っていない。

（1）ルーヴル美術館、装飾美術館、モード美術館、オランジュリー美術館、ジュ・ド・ポームのギャラリー、オルセー美術館、レジヨン・ドヌール博物館、貨幣博物館など。
（2）人類博物館、海洋博物館、フランス記念建造物博物館、映画博物館、ギメ美術館など。

地方における不均衡も顕著である――美術館の分布は、十九世紀においては都市部、隣接地と地方の中産階級の豊かさを反映していた。すなわちノール県とパ＝ド＝カレ県の大都市は、たとえば、ルーベのように、時として現在の資源を凌ぐほどの大きな富のネットワークを引き継いでいたが、大戦後、博物館はおおむね閉館したままである。考古学博物館の数は、まず何よりも、その土地に昔から人が多く住んでいたか否かにかかっている。プロヴァンス＝アルプ＝コート・ダジュール、ローヌ＝アルプ、あるいはブルゴーニュなどの地域圏で、こんにち、多くの考古学的発掘現場に、二十世紀を通して、博物館が建てられているのは、驚くにあたらない。他方、ブーシェ・ド・ペルトによって近年、先史が発見されたピカルディーが、その遠い過去を引き立たせることができていないのは残念である。農村、産業民族学の博物館に関して、その数は、過去の活動の重要度、経済変動やそれに伴う現実を受け止めて活路を見出す労働の量などに依存している。また、しばしば高額に上る施設の建設・維持費を引き受けるこんにちの地方公共団体の能力にもよっている。もし、これらの要因全体を結びつけるならば、プロヴァンス＝アルプ＝コート・ダジュールやアルザスが、オーヴェルニュやリムーザンより、多くの博物館を持っていることがよく理解できる。

国と地方公共団体が、博物館の創造の自然発生的な運動の方向を変え、そのうえ指導しようとすることは本当に必要であろうか。エリート、蒐集家、学芸員たちに自由な道を歩かせてはならないだろうか。この質問は明らかに提出されるに値する。さらにもう一度繰り返すが、それを管理するための、図書館あるいは文書保管所のかつての地図のように、博物館の地図は、地方都市の歴史と専門性に結び付きすぎている。しかし、一つの地域に同じテーマの博物館を複数つくるのは合理的でないことはよく分かっている。来訪者を引きつける機会が少なくなるからである。しかしながら、反対に、地方の開発に無視できない要素となることができる地域では、その発展と創造力を刺激するのに有効であろう。

グラン・ルーヴルの完成、国立自然史博物館のグランド・ギャラリーと国立技術〔工芸〕博物館の模様替えは、この三施設の創設時から二世紀つづいた公開論争について新たに考える機会となっている。確かに、都市、県、地域圏によって契約されたプログラムに対する国の与える支持は、博物館分野の均衡の回復のための主要な貢献である。しかし、国自体に属する博物館の開発政策についても疑問を持つべきである。近年、ドルドーニュ県のレ・ゼジー・ド・タヤックの国立先史博物館の刷新と開発に注がれた重点施策はよい方向に進んでいる。それは、疑いもなく、さらにもっと前進させるべきものであろう。

それは、いくつかの発議を通じて、国やパリのコレクションを地方の革新された博物館に再配置したことによく示されている。クリュニー美術館は、履き物の驚くべきコレクションを、この分野で国の参考調査センターとなる使命をもつロマン博物館に寄託した。サン＝ジェルマンの国立古代博物館は、地方の考古学博物館網を通じて、テーマに沿ったコレクションの再配分を企てた。ギメ美術館は、ニースのアジア美術館の創設を、助言や（望むらくは）寄託を通じて支援している。たぶん近い将来、この半世紀来箱に入れられたままになっていた土木事業博物館のコレクションは、移転を終えてしかるべき展示場所を見つけることになろう。要するに、パリで、国に所属する博物館が近代化の動きをつづける一方で、その保有するコレクションを地方分散化する論理についてよく考えることが望ましいのである。もしこの思考が、ただシステム的にではなく、というよりもタブーなしで進められるなら、主要な再配分が、結果として実現するであろうことは、疑いない。

Ⅳ　博物館管理運営方式の近代化

公益事業の私営化や公共支出削減の力強い運動と結びついて、博物館の発展は多くの国で伝統的管理運営方式の根本的な見直しをもたらした。遅まきながらこうした過程に入り、その公共奉仕という性質を尊重しつつ、多くの関連サービスのために抑制された商業的経営の研究を行なうことにより、フランスは、敢然と博物館の管理方式の近代化を開始したのである。

1　国に属する博物館の管理運営の近代化

それぞれの国の状況はきわめて多様であるにもかかわらず、ヨーロッパ中のほとんどすべての国々が、この一〇年間に、国に属する博物館の管理運営方式を根本的に再検討した。

英国では、サッチャリズムの華やかであったネオリベラルの最も盛んな時期に、一七の国立博物館に強力な管理運営自治権が与えられたが、これに伴って入場料無料の原則の廃止、各館に見合った財源の割り当てが行なわれた。入場料の設定は一時的に入場者の数を減退させたが、全般に三、四年後には再び増加に転じた。しかしながら、たとえこのシステムが利用者を獲得する努力を増し、資産の節約型管理運用を広く促進したにしても、運営の安定の夢は急速に遠のいていった。充分に比較しうる状況のなかで、オランダでは財政運営の均衡を達成できないことが分かると、博物館の「私営化」計画は、急速に「自治化」という、より謙虚な見通しに導かれていった。より現実的な方法で、デンマークは、最も大きな博物館のうちの二つ、国立博物館と美術館に「契約下の公共部署」方式を適用した。これは以前には国家が直接管理していた一七の公共サービスで、より広範に実施された。このシステムでは、使命と目標を正確に定義するとともに、四年間の予算を国が関与して保証するものである。これは多分、こんにち提案されている最も釣り合いのとれた方式であろう。

フランスでは、国に所属する博物館は、会計処理においても、財政的、あるいは行政一般においても自治権がなに一つなく、それゆえ、収支を評価したり制御する能力もない状態で、これまで長い間直接国家管理によって運営されるにとどまり、こんにちでも多くの場合、そのままである。これは「フランス博物館局長は国立博物館を統括する」と規定した一九四五年の行政命令の確認するところである。ジョルジュ・ポンピドゥー・センターの「公施設法人」部門である国立近代美術館の創設は、この原則との最初で、しかも重大な断絶をもたらすものとなった。しかし、近代美術の収集に関する逃げ腰が懸念されていた、時の博物館局と「国立博物館」学芸員に課したこの改革は、その後長期にわたり、もっぱら分散化に必要な活動を阻害するものだった。こうして、オルセー美術館の完成にあたって、その建設のための「公施設法人」を引き継ぐ管理運営組織がつくられることはなかったのである。これとは反対に、ルーヴルのリシュリュー翼の整備は、「学芸員にして館長でもある総裁」の責任下に置かれたルーヴル「公施設法人」の実現をもたらしている。もっと最近では、ヴェルサイユ美術館がその全敷地ともども文化財局と博物館局による二重の監督下に置かれた単一の「公施設法人」に仕立てられた。最も控えめに見ても、文化計画の一貫性に基づいた合理的な再編という枠組みのなかで、こうした改革が博物館局の管理する三四の博物館全体にしだいに拡がってゆかないはずはない。すでに、五つの「責任センター」が、フォンテーヌブロー、サン＝ジェルマン、クリュニー、ピカソ、ギメで組織された。同じような運動がその他の省の行政監督下に置かれている博物館でも始まっている。このようにして、ここ数年の間に、軍事、航空・宇宙、海軍の三つの博物館が、「行政的性質の公施設法人」に昇格した。

2　地方公共団体に属する博物館の管理運営組織

地方公共団体に属する博物館のほぼ全部が、それらが依存する市町村または県の単一の事業である。それらの支出と収入は、自治体予算のなかで分散され、それから正確で徹底した評価も得られず、ましてや効果的制御などできはしないのである。一八九五年四月十六日の予算法律には「公施設法人」方式が示されていたが、これが適用されることはほとんどなく、とくにアルビとエピナル、そこでは、市と県との協力関係がもち上がるたびに、長い紛争のもとになるだけであった。もっと最近のことでは、半官半民の混合経済会社方式が、ドゥアルヌネの港町博物館やカンの記念館〔平和記念博物館〕で採用された。この二つの場合、商業的形態は、均衡をとることの難しい事業の管理にふさわしくないからである。一九九三年二月に提出され、一九九四年に再び審議されたが成立を見なかった法案では、地方公共団体に依存している大部分の文化活動に対してと同様に、博物館のために、より適応した枠組みを提供すべく、地方文化「公施設法人」方式の改正を定めていた。しかし、文化施設の成りゆきに注意深い関心を寄せるいく人かの上下両院議員の努力にもかかわらず、企てはいつもうまくいかなかった。

国や地方公共団体における開かれた議論を通して、一つの明白な事実が現われてくる。一つの博物館が一つの公共サービスであり、「公施設法人」というステータスゆえにその管理運営の改善が確かに可能となるのである。しかしその反面、収入とコストの釣合がとれると想像することは、幻想である。それでも、博物館の管理運営そのものとそれが生み出す商業的活動とは、注意深く区別すべきである。博物館の管理運営には、人件費、運営費、投資的経費などを伴い、入場料収益は一般にそのごく小部分をカバーするにすぎない。差引残高を出すことを可能にするのは、伝統的に最も真摯に取り組んだ国でさえ、公共の税金や不安定な性格で知られるメセナ（学問芸術の擁護）でしかないのである。しかし、博物館は絶え間なく、より大々的に商業活動を生じさせる。図版、視聴覚資料の出版、非常に多様な作品の複製、頒布、売店、通信販売、それらが、赤字であることを正当化することはできない。まったく反対に、この領域ではコレクションの増強を可能にする余地を残すようにすべてを運ぶべきである。国立博物館連合の例が示すように、博物館局の監督下に置かれている博物館三四館のための商業活動の運営に責任をもつ機関には、こうした原則を実行するために必要で厳格な規律が課せられているのである。

博物館の「景観」と諸問題を組織的に記述してきたので、おそらく、この複雑な世界の多様性と活力をよりよく理解する手助けとなったに違いない。しかし、その深遠な原動力を理解するのに充分だったであろうか。

何ごとも、より確かなものにしようとすれば、できるのである。

あるものは、危惧と不確実性の時代だからこそ、ただ強くなり広がっていく郷愁的な喜びの表われしか、そこに見ることを望まなかった。たとえこうした主張が必ずしもこれほど明確に表明はされていないとしても、それは、こんにちの博物館の変化にかかわる多くの判断がしばしば性急で、皮相的なものでしかないことを裏打ちしている。しかし事実は逆である。すべてのことが示しているのは、フランスだけでなく全世界において、長期にわたってコレクションと博物館が発展し、連綿と増加していく様は、絶えずより意識的になっていく社会の成熟度を示すものであり、みずからの社会のみならず他の文明の過去を客観的に認識することは、よりよく抑制された未来の必要条件である、ということである。であるからこそ、フランスにおいては二世紀前のその誕生のときと同じように、こんにち、博物館はただ在ればよいというのではなく、わが国の文化、科学、教育システムに不可欠の要素の一つとなる使命をもつのである。

訳者あとがき

本書は、Jacques Sallois, *Les Musées de France* (Coll.《Que sais-je?》n°447, P.U.F., Paris, 1995, 1998) の翻訳である。

知られるように、フランスをはじめ西洋では、musée や museum という言葉で包括的に表現するものを、わが国では「美術館」「博物館」と別様に呼ぶ慣わしがある。もちろん、Musée des beaux-arts や museum of fine arts として、「美術」館であることを明示的に表わすことは、外国語でもあるのだが。ともあれ、わが国でたとえば「博物館法」と称し、またそこで間接的ながら、「歴史」「民俗」などとともに「芸術」に関する資料をも扱う機関として「博物館」を規定しているように、「博物館」が「美術館」を含む、上位の包括的な概念として解釈されてはいるが、実体としては、「美術館」なるものと、美術館を除く「博物館」なるものが並立しており、そのような言葉の使い分けが一般的な理解となっている。そこで、本書ではこうした点から、musées の訳語として「美術館・博物館」を当て、タイトルを『フランスの美術館・博物館』としたことをまずお断わりしておきたい。なお、本文中では、該当するすべてに「美術館・博物館」を当てるのは煩雑に過ぎるので、適宜、「博物館」「美術館・博物館」「美術館」を使い分けた。

本書でも指摘するように美術館・博物館の種類分けや業務の中身は、確かに一般には分かりにくいし、国によっても違いがあろう。しかし、少なくとも、フランスが、博物館の歴史的形成過程や、展覧会などで紹介されるコレクションを通じて、あるいはとりわけ近年、パリ大改造の中心をになうオルセー美術館の登場やルーヴル美術館その他の革新を通して、国の博物館政策、文化行政が現実に力を持ったということを、多くの日本人が、それもある種の羨望をもって、感じているはずである。それでも、その実体はというと、いかにも断片的にしか知られてこなかった。このようなとき、本書の著者は、最もふさわしい書き手として、フランスの美術館・博物館の「景観」をわれわれの眼前に繰り広げてくれている。なぜなら、サロワ氏こそ、ジャック・ラング文化相の大臣官房長（一九八一～八四年）、国土整備および地域圏調査官（一九八四～八七年）、国立博物館連合理事長（一九八九～九三年）、そして博物館局長（一九九〇～九四年）として、いわばフランス文化政策の絶頂期に、行政の枠組みの全体から、中央と地方の関連性、そして博物館行政の中枢、および商業セクターまでをつぶさに経験し、政策の実現の裏付けをしたその人にほかならないからである。

サロワ氏は一九四一年生まれ。パリ政経学院を卒業したのち、国立行政学院に学んだ。当初より会計検査院に籍を置き、右記の経歴のほか、ヨーロッパ経済共同体地域政策委員長（一九八五～八八年）、預金供託金庫ヨーロッパ国際代表（一九八七～九〇年）などの国際的な仕事もこなしてきた。現在は、会計検査院司法官として主任評議官を務め、予算総括報告者などの要職を歴任している。

このような経歴を見るとき、この著者にして初めてなしうるような、一貫して行財政的な視点からの、見事な「景観」が開示されたことを改めて実感する。本書の構成から叙述の細部にいたるまで、問題点の把握、分析、点検の眼が行き届き、城砦や修道院、そして美術宮殿から現代建築に及ぶ美術館・博物館建築の叙述のみならず、学芸員や守衛の寸評にいたるまでが、まさに視覚的なといってもいいほどの喚起力をもって迫ってくる。しかも、そこには歴史的な因果関係や文化的社会的な背景への洞察も入念に織り込まれている。

と同時に、一般市民の眼線とでもいえるほどにこまやかに、固定観念にとらわれることなく美術館・博物館の職員や建物、そしてサービスのありようを眺め、具体的な改善点を指摘していることに気づく。そしてそのような分析や指摘を施策として実現させようとしていたのである。

本書は、第一章で、行政組織別に個々の美術館・博物館の例をあげ、第二章では、これをコレクションと博物館の種類別に括り直し、また第三章では、コレクションの形成や観衆、職員の問題をとりあげるとともに、建築の観点から多くの美術館・博物館を例示している。そして結びにおいて、あらためて「景観」を眺めなおし、将来を展望している。このように論議が重層的に展開しているので、同一機関についての記述が複数の箇所に分散している。本訳書では巻末に索引を付したので、活用していただければ幸いである。

ところで、本書一四九頁で示唆された「フランス博物館」という範疇は、「日本語版に寄せて」に記されたように、ようやく「フランス博物館に関する二〇〇二年一月四日の法律」において法的根拠をもつこととなった。プレスリリースや法案背景報告書によれば、この法律は、概ね次の三点を骨子としている。

1　博物館の使命の中心に「観衆」(公衆)を置く。具体的には、国立博物館においては、十八歳未満の入館料を無料とする。「観衆」(公衆)のための博物館であることを明示すべく、「フランス博物館」(musée(s) de France)の呼称を用いる。

2　美術館を持つ国、地方公共団体、私法人の間に新しい関係を構築する。具体的には、これまで適用範囲が必ずしも明確でなかった法令条項にかかわる、国の技術的管理の範囲を限定する。「フランス博物館」の呼称は、コレクション所蔵者の求めに応じて付与され、国の管理はこれらの機関にのみ及ぶ。国と地方公共団体の関係を均衡のとれたものとするため、国はすべての「フランス博物館」に対し、助言、評価、支援を行なわなければならない。また、地方分権の一環として、一九一〇年以前の寄託品数万点を当該地方博物館に移管する。

主として寄託品の重要度によって類別されていた「指定」「登録」博物館の制度は廃止する。さまざまな博物館の連携や政策の一貫性を保つため、フランス博物館高等評議会を創設し、「フランス博物館」の呼称はこの機関が付与する。

3 コレクションの保護のための体制を強化する。具体的には、あらゆる作品収集、修復に先立ち、意見を述べるための学術委員会を設置する。

公共博物館コレクションの「非譲渡性」を強化するとともに、私法人に属する「フランス博物館」についても、「非時効消滅」「差押禁止」「先買権」の措置を導入する。フランス博物館高等評議会の管理の下、公共博物館間でのコレクションの譲渡は無償の場合、これを行なうことができる。ただし、寄贈、遺贈、公的補助によるものは除く。私法人に属する「フランス博物館」が、寄贈、遺贈、公的補助によるコレクションを無償もしくは有償で、「フランス博物館」として展示紹介する法人に譲渡する場合も、フランス博物館高等評議会の管理の下に置かれる。

フランスおける博物館の行政組織にかかわる法令の根幹は、本書一八頁にあるように、美術館を念頭に置き、それも暫定的な性格をもつものでしかなかった。これに対して、今回の法律は、サロワ氏が本書で展開しているような方向性のもと、すなわち、「観客」(公衆)のためにある博物館という認識に基づき、そのコレクションの保護措置を強化しつつも、地方やしかるべき博物館に移管・譲渡する柔軟性を実現し、広く私的セクターも含めて、フランス全体の博物館資源を一体的に運用するための枠組みをつくった、と言うことができよう。国立博物館、地方公共団体の博物館、私立博物館を含めた「フランス博物館」という新たな呼称のもとに、フランスの美術館・博物館はさらなる展開を見せるに違いない。

フランスの美術館・博物館の「景観」を目の当たりにした今、ひるがえってわが国のそれはどのような状況にあるのだろうか。国立博物館、国立美術館等の独立行政法人化に伴い、美術館・博物館一般でも、その評価という問題が提起されつつある。すなわち、コレクションを展示し、展覧会を開催することでよしとされてきた美術館・博物館が、機関の社会的な存在理由そのものを問われるようになった。何かが変わろうとする兆しはありそうである。しかし、独立行政法人化に際して、「博物館」と「美術館」の並立(分裂)状況に積極的な変化は起きなかったし、「学芸員」に相当する職員のあるべき資質や業務のありようについても本質的な論議はなく、ほとんど何も変わってはいない。財源の分配方式がいくらか変わり、「評価」といえば聞こえはよいが、職員みずからの自己評価や相互評価はさしおいて、他人任せの、「評価のための評価」がまかり通っている、というと言い過ぎであろうか。「……ぼんやりしていながら自身の大切な研究には没頭する学芸員……」と著者は描写しているが、これはわが国においてもそのままあてはまりそうである。美術館・博物館現場での高度な専門性を、社会的な装置としての美術館・博物館で展開するために、フランスではたとえば国立文化財学院といった、図書館、文書館までをも対象とした横断的な教育機関が成立しているが、果たして日本の学芸員養成にどのような改革が期待できるというのか？　国と地方の人事交流を改善する方途は？　保存・修復の専門家や本書でいう「ドキュメンタリスト」「文化メディアトゥール」、こうした担い手をどう育て、処遇するのか？　美術館・

博物館の行政がどれだけ一貫性をもった「文化行政」の専門家の手にゆだねられているのか？　そのような思いをめぐらすとき、課題は山積していると言わざるをえない。

サロワ氏の該博な知識と高潔な人柄、そして何よりも美術館・博物館に対する情熱が、選び抜かれた用語と構文をもって精緻なフランス語のなかに凝縮されている。訳者二人の力をもってしても、それを充分には伝えきれていないことを危惧するものである。それでも、読後に何かしら「勇気」を与えられると思うのは訳者の思い入れが強すぎるからだけでもあるまい。より多くの方に本書を手にしていただき、フランスの美術館・博物館をより組織的に理解するよすがとし、さらに望むらくは、わが国の美術館・博物館を少しでも変えていく力としていただければさいわいである。

末尾ながら、本訳書がこうした形をもつにいたった経緯について付言させていただく。

一九七一年に永尾が同じクセジュのシリーズでジャン・ファヴィエ著『文書館』を世に送ってまもなく、この翻訳原本の前版であるポワソン著の同名書の翻訳を手がけた。訳稿が概ねととのった段階で読み返してみると、翻訳に手間取ったこともあり、当時のフランスの実情に遅れてしまった箇所が多々あり、改版を待ったが、これが絶版となり、出版には至らなかった。一九九五年に新たに本サロワ著が公刊され、改めてこれを手がけはじめた。一九九八年に第二版が出てこれの手直しの過程で一頓挫したのち、あらたに波多野が加わり、著者との面談や情報交換をするかたわら、ともども訳出作業を進めてきた。しかし、実質的には波多野が美術館を退職して自由な時間を得、ようやくこんにちにいたった、というのが偽らざるところである。本来なら、新しい法律の制定や施設の新・改築などを受け、さらに改訂したいという著者、訳者双方の意向はあったものの、上記のような経緯を考慮して、今回は、訳注の形で最小限に補い、参考文献欄に、若干の文献および文化省ホームページなどの関連

URLを掲出するにとどめさせていただいた。
このような事情について読者諸賢のご寛恕を願うとともに、刊行の間際まで、最新情報の提供や法務・会計上の専門的事項の解釈などについてご示唆を賜わった著者サロワ氏はもとより、この間、忍耐強く対応していただき、最後には読みやすい訳文にするために多くのご助言をいただいた編集部の和久田頼男氏に対し、心より感謝申し上げる次第である。

二〇〇三年九月

永尾　信之
波多野宏之

索引

【凡例】

＊索引は，人名，地名，美術館・博物館名，主要事項名などから自由に引けるよう混排し，五十音順とした．

＊人名は，いわゆる姓だけで本文中に名が記されていない場合でも，人物を特定するために，調査しえた範囲で名も加えた．

＊美術館・博物館名として本文中に正式（と思われる）名称が明示されている場合は，その名称を項目として採用した．地名のもとに「美術館」や「装飾美術館」などとして記述されたものは，地名の項目のもとに一括して「～美術館」「～装飾美術館」と略記した．したがって，地名のもとに，当該地にあるすべての美術館・博物館がまとめて表示されているわけではない．

＊「美術館」，「装飾美術館」等の類別のもとに，自治体などに属する美術館・博物館を一括して置いた．また，国立などの冠称を除いて倒置した形や，仏文略語形などからも可能な限り副出して，人名，主題などからの検索の便を図った．

＊同一の美術館等で複数の頁が当てられている場合，理解の手助けとなる記述のある頁を太字で示した．

a b c

CAPC（現代造形芸術センター） 66, 100, 143
ELAC（現代美術リヨン空間） 100
FRAC（現代美術地方基金） 100, 101
Icost（イコスト） 111
Joconde（ジョコンド） 92, 111
MAMAC（近・現代美術館）（ニース） 59
MAMAC（近・現代美術館）（マルセイユ） 54
Videomuseum（ヴィデオムゼウム） 111

ア行

アヴィニョン 42, **82**, 85, 95
アヴェイロン県 78
アウグストゥス 58
アヴノワ 145
アキテーヌ 20, 66, 144
アキテーヌ博物館 66, 144
アクサ社 116
アジア 12, 19, 32, 33, 52, 56, 59, 60, 102, 151, 152, 157
アジア美術館（アルプ=マリティーム県立）［ニース］ **59**, 157
アジア美術館（国立） 19, **32**, 52, 102
アジア美術館（ジョルジュ・ラビ・） 60, 102
アジェ，ジャン=フランソワ・ザヴィエ 65, 97
アジェ美術館 65, 97
アジャクシオ 21, 35, 73, **75**, 105
アゼ=ル=リドー 41
アート・センター 60, 101
アドリアン・デュブーシェ・（リモージュ）・セラミック美術館 21, **36**, 37, 73

アナトール・ジャコフスキー素朴派美術館　59
アニマシオン　145
アフリカ　19, 21, 26, 33, 34, 54, 56, 57, 71, 77, 102, 151-153, 155
アフリカ・オセアニア・アメリカ=インディアン芸術博物館　54, 102
アフリカ・オセアニア芸術博物館（国立）19, **33**, 34, 54, 151, 155,
アフリカ使節博物館　57
アフリカ博物館（イル・デクス）21
アミヤン　41, **72**, 75, 96, 120, 134, 140
アメリカ　12, 20, 35, 36, 54, 56, 77, 102, 135, 152
アラス　78, 132
・〜考古学博物館　78
アリエ県　78
アルゴンヌ　73
アルゴンヌ博物館　73
アルザス　64, 86, 106, 118, 156
アルザス・エコミュゼ　106
アルザス・ギャラリー　64
アルザス博物館　64, 106, 118
アルジェリア　26
アルジャントマギュス　144
アルスナル図書館　42
アルゼンチン　60, 83
アルデンヌ　73
アルビ　160
アルプ財団　84
アルプ=マリティーム県　31, 59, 84
・〜アジア美術館　59
アルベール・カーン（エスパース・）155
アルマン，モリース　100
アルラタン博物館　106, 145
アルル　103, 106, 144
アレーグル，レオン　77
アレジア　25
アンヴァリッド（宮）42, 46
アングル，ジャン・オーギュスト・ドミニック　38, 95
アングレーム　102
アンジヴィリエ，シャルル・クロード　14
アンジェ　41, 96, 142
アンジェ・タピスリー博物館　41
アンティーブ　105
アンドル=エ=ロワール県　78
アンドレ，エドゥワール　81
アンドレ・マルロー美術館（ル・アーヴル）137
アントワーヌ，ジャック=ドニ　47
アンリ王伝説博物館　28
アンリ・ラングロワ映画博物館　85
イヴリーヌ県　20
イエズス会　64, 82
イオニア　55
イギリス　13, 35, 44, 93, 115
イコスト（ICOST）111
イコノテーク　124
衣装博物館（ガリエラ宮）53
衣装博物館（シノン城）99
イゼール県　78
イタリア　13, 14, 24, 55, 58, 61, 70, 81, 82, 93-95
イッシー=レ=ムリノー　155
イボ，ジャン=マルク　69
イル・デクス　21
イル・デクス・アフリカ博物館　21
イル・デクス国立ナポレオン博物館　21, **35**
イル=ド=フランス　21
印刷・銀行博物館　57
印刷博物館　61
ヴァランシエンヌ　140
ヴァルジー　77
ヴァルテル，ジャン　30
ヴァルドー，アントワーヌ=ルイ=ジョゼ=パスカル　64

ヴァル=ドワーズ県　20
ヴァロリス　31, 99
ヴァロリス礼拝堂拝廊　31
ヴァロワ家　13
ヴァンセンヌ城　41
ヴァンデ県　35
ヴィエイユ・シャリテ　54
ヴィエルニー，ディナ　84
ヴィカール，ジャン=バティスト=ジョゼフ　97
ヴィクトリア女王　25
ヴィクトル・ユゴー博物館（ヴィルキエ）78
ヴィジーユ　78
ヴィダル，アンリ　142
ヴィタール，ミルト　69
ヴィデオムゼウム(Videomuseum) 111
ヴィトリー　155
（ヴィトリー）近代美術館　155
ヴィユールバンヌ　100, 101
［ヴィラ・デ・ブリヤン］ロダン美術館　20
ウイリアム(英、征服王）72
ヴィリエ=ゾ=ボワ　108
ヴィルキエ　78
-ヴィクトル・ユゴー博物館　78
ヴィルヌーヴ・ダスク　70, 101, 142
・～近代美術館　70
ヴィルロワ館　57
（ラ・）ヴィレット公園　42
ウィーン　14
ヴェゾン　41
ヴェニシュ　87
ヴェルサイユ　13, 15, 16, 20, 22, **26**, 27, 34, 87, 96, 112, 113, 118, 132, 133, 151, 155, 159
ヴェルニェ=ルイス，ジャン　94, 137
ヴェルヌ，ジュール　62
ヴェルレ，ピエール　27
ヴォークルール　106
ヴォージュ県　78
ウジェーヌ・ドラクロワ美術館（国立）19, **24**
宇宙博物館　60
ウフィツィ美術館　14
ウンゲルスハイム　106, 118
ウンターリンデン美術館　118
映画博物館（アンリ・ラングロワ）**85**, 155
映像の殿堂　85
エクアン（城）　20, **26**, 151, 155
エクス133
エコミュゼ　71, 86, **106**, 107, 145, 153
エコミュゼ（アルザス）　106
エコミュゼ（レンヌ地方=ラ・バンティネ）　71
エコール・デュ・ルーヴル　**126**, 127, 150
エコール・ド・シャイヨー　37
エジプト　16, 24, 61, 62, 77, 102, 151
エスパース・アルベール・カーン（オー=ド=セーヌ県立博物館）155
エスペランデュ，ジャック=アンリ　53
エソンヌ県　155
エデュケーター　131
エドゥワール・エリオ博物館　56, 105
エトルリア　24, 62, 102, 151
エトワール　41
エーヌ県　35
エピナル　78, 101, 142, 160
・～美術館　78
エベール，エルネスト　18, 19, **29**
エベール美術館　18, 19, 29
エリオ，エドゥワール　56, 105, 122
エルマン，アンドレ　30, 137
エルメス本舗　87
エレクトロポリス（電気エネルギー博物館）76, 86, 108

エンネル，ジャン=ジャック　29
オーヴェルニュ　106，156
・～民衆芸術・伝統博物館　106，156
王立薬用植物園　43
王立リュクサンブール美術館　38
オーギュスタン美術館　60
オークソンヌ　105
オスマン，ジョルジュ　16
オセアニア　19，33，34，54，77，102，151-153，155
オート=ヴィエンヌ県　78
オートクール，ルイ　132，135，136
オー=ド=セーヌ県　107，155
オー=ド・セーヌ県立博物館エスパース・アルベール・カーン　155
オート=ソーヌ県　76
オート=ノルマンディー県　62
オビー　106
オベール　136
オーマル，アンリ・ドルレアン　80
オー=ラン県　118
オランジュリー美術館　19，**30**，155
オランダ　81，158
織物史博物館　**57**，88
オルセー（美術館）　11，12，19，21，**28**，93，98，116，118，121，139，140，151，155，159，164
オルビニー=ベルノン博物館　76
オルレアン　72，97，106，107
・～美術館　72，97
音楽博物館（国立）　**42**，114
オンフルール　95

カ行

海運・経済博物館（マルセイユ）55
海外フランス博物館　33
外国画派美術館　39
解剖学博物館　65
カイユボット，ギュスターヴ　39
海洋学博物館（ラ・ロシェル）76，108
海洋博物館［パリ］　46，155
海洋博物館（ビアリッツ）108
カオール　105
科学技術院　150
科学技術博物館（国立）44
学芸員学術評議会　153
学士院　→フランス学士院
カコー，フランソワ　93
カスー，ジャン　39，100
カストル　95，105
カストロ，ロラン　144
ガダーニュ，トマ　57，104
ガダーニュ（歴史）博物館　**57**，104
カタロニア　143，149
楽器博物館　43
カッセル　14
カトー=カンブレジ　78
カニュの家　57
カバンヌ，ピエール　10
カピトール　15
カブリエール=サバティエ・デスペイラン館博物館　65
ガブリエル，ジャック=アンジュ　27
貨幣博物館　42，**47**，155
壁紙・プリント地博物館　86，118
ガリエラ宮衣装博物館（ガリエラ博物館）**53**，99
ガリエラ公爵夫人　53
ガリネ，ジュール　73
ガリネ博物館　73
カルヴェ，エスプリ　82
カルヴェ財団　85
［カルヴェ財団］先史博物館　82
カルヴェ博物館　82
カール五世　70
カルティエ（本舗）84，87
カルテル　123
カルナヴァレ（博物館）16，**52**，53，104
カルリュ，ジャック　37，136

ガレ，エミール　67
カレ・ダール（ニーム）101，143
ガロ=ロマン考古学博物館（アルル）103
ガロ=ロマン考古学博物館（サン=ロマン=アン=ギャル）103
ガロ=ロマン文明博物館　**57**，138，144
ガロワ　25
カーン，アルベール　155
カン　15，50，**72**，140，160
・～美術館　15，50，**72**，140
カンソン　144
カンティーニ，ジュール　54
カンティーニ美術館　54
カンパーナ・コレクション　82，95
カンパーナ・ディ・カヴェリ，ジアンピエトロ　82，95
ガンベッタ，レオン　105
カンペール　78，120，134，140
・～美術館　134，140
企業博物館　87
ギシャール，ディディエ　142，143
技術工芸博物館（工芸院）11，45
北アメリカ　12
ギニョール　57
記念建造物研究センター　37
記念建造物博物館　→フランス記念建造物博物館
ギメ，エミール　19，21，**32**，33，52 56，59，60，102，151，155，157，159
ギメ美術館（国立アジア美術館）［パリ］19，21，**32**，52，59，60，102，151，155，157，159
ギメ美術館［リヨン］　56
ギュアデ，ジュリアン　135
キュヴィエ，ジョルジュ　43
旧居小修道院　59
キュザル　145
・～野外博物館　145
ギュスターヴ・モロー美術館　19，**29**
教育博物館（国立）**45**，63
驚異の部屋　132
協会博物館　61，**84**-86，122
共同浴場とクリュニーの館の美術館　19，**25**，151
ギヨーム，ポール　30
ギリシア　24，53，62，81，102，151
近・現代美術館（MAMAC）（ニース）59
近・現代美術館（MAMAC）（マルセイユ）54
近・現代美術空間　101
近代美術館
・ヴィトリー～　155
・ヴィルヌーヴ・ダスク～　70
・ジョルジュ・ポンピドゥー・センター国立～　11，30，38，**40**，99，100，115，159
・ストラスブール～　64
・パリ市立～　16，**52**，99
・パレ・ド・トーキョー国立～　16，39
菌類博物館　108
クチュール，トマ　28，93
靴の博物館　99
グピル，アドルフ　66
グピル美術館　66
クーベルタン財団　84
グラッセ，オーギュスト　77
クラマール　84
グランヴェル，ニコラ　70
グランド・ランド博物館　106
グラン・パレ　45，136
グラン=プレシニー　78
グラン=プレシニー博物館　78
グラン・ルーヴル　23，139，156
クリュニー共同浴場　19，**25**，151
クリュニー美術館　19，**25**，151
グルー，エド　77
グルノーブル　96，100，101，107，134，142

クールベ，ギュスターヴ　28，93
グレー　77
グレヴァン，アルフレッド　76，88，**89**
グレヴァン博物館　76，**88**，89
グレゴワール，アンリ　44
クレマンソー，ジョルジュ　30，35，41，105
クレルモン＝フェラン　**74**，108，134，142
グロベ，ルイ　54
軍事史博物館　73
軍事博物館［パリ］**46**，114，126
軍事博物館［ボルドー］　67
刑務（行政）博物館　48
刑務所博物館（国立）48
ケステル，シャルル・オーギュスト　134
ケー・デ・ゾルフェーヴル　48
ケー・ド・コンティ　47
ケー・ド・ラ・トゥールネル　87
ケー・ブランリー　34
ケー・ブランリー博物館　34
ケルト　25，103
現代造形芸術センター（CAPC）66，100，143
現代美術館
• ニーム～　143
• ボルドー～　66
• リヨン～　56
• ロシュシュアール～　78
現代美術ギャラリー　101
現代美術センター　100
現代美術地方基金（FRAC）100，101
現代美術リヨン空間（ELAC）100
建築コンサルタント　146
県［立］博物館　78
公共援護会［博物館］87
航空宇宙博物館　47
工芸院（国立）15，**44**，107，150
技術工芸博物館　11，45，156
考古遺跡博物館　41
考古学博物館
• アラス～　78
• サン＝ロマン＝アン＝ギャル～　103，144
• ストラスブール～　63，103，144
• ディジョン～　68
• ニース～　58
• ローヌ県立［リヨン］～　57
考古学・美術博物館（シャロン＝シュル＝マルヌ）73
広告美術館　85
鉱山エコミュゼ　106
鉱山学校博物館［パリ］108
公施設法人　21，22，24，27，29，34，40，42，46，48，81，82，126，**159**，160
鉱物学博物館（ミュルーズ産業協会）76
「国民教育省」博物館　43，45，51，141
国立アジア美術館（ギメ美術館）19，21，**32**，52，59，60，102，151
国立アフリカ・オセアニア芸術博物館　19，**33**，34，54，151，155
国立ウジェーヌ＝ドラクロワ美術館　19，**24**
国立音楽博物館　**42**，114
国立科学技術博物館　44，111
国立技術工芸博物館　11，45，156
国立技術博物館　11
国立教育博物館［パリ］45
国立教育博物館［ルアン］63
国立近代美術館（国立ジョルジュ・ポンピドゥー・センター）11，30，38，**40**，99，100，115，159
国立近代美術館（パレ・ド・トーキョー）16，39
国立刑務所博物館　48
国立工芸院　15，**44**，107 150
国立古代博物館　20，25，151，154，157

国立自然史博物館　11, 15, **43**, 150, 156
国立自動車博物館　86
国立車輛・観光博物館　20, **28**
国立ジャン・ムーラン・センター　67
国立ジョルジュ・ポンピドゥー芸術文化センター　30, 138
国立税関博物館　47, 66, 126
国立セラミック美術館（セーヴル）　20, **36**, 99
国立先史博物館（レ・ゼジー）　20, 25
国立戦勝記念博物館　35
国立中世美術館　19, **25**, 151
国立図書館　**42**, 47
・貨幣・メダル・古美術部　42, 47
・興業芸術部　42
・手稿本部　42
・版画室　42
国立ナポレオン博物館（イル・デクス）21, 35
国立博物館　**18**, 19, 22, 36, 40, 41, 115, 141, 165, 167
国立博物館連合　**21**, 22, 25, 30, 94, 114, 117, 121, 124, 126, 132, 160, 164
国立フランス=アメリカ協力博物館　20, **35**
国立フランス民族学センター　154
国立文化財学院　**127**, 128, 153, 167
国立ボナパルト家博物館　21, **35**
国立ポール=ロワイヤル領穀倉博物館　20, **27**
国立マルク・シャガール聖書の啓示美術館　21, **30**, 58
国立マルメゾン城博物館　20, **35**
国立民衆芸術・伝統博物館　19, **31**, 137, 151, 152, 154
国立民衆芸術・伝統博物館収蔵庫　20
国立民衆芸術・伝統博物館別館（レ・ミレリ）21
国立ルネサンス博物館　20, **26**, 151
古代博物館（国立）20, **25**, 151, 154, 157
古代博物館（セーヌ=マリティーム県立）［ルアン］ 62, 78
古トゥールーズ博物館　60
コート・ダジュール　21, 83, 118, 156
コート=ドール　107
コニャック，エルネスト　52
コニャック・ジェー美術館　52
古美術鋳造複製美術館　57
小瓶・香水博物館　76
古マルセイユ博物館　55
古モンペリエ博物館　65
ゴヤ，フランシスコ・ホセ　95
コルシカ　21, 35, 75
コルス・デュ・シュド県　78
コルドリエ教会　67
コルネイユ，ピエール　63
コルネイユ博物館　78
コルバン，ウジェーヌ　68
コルベール，ジャン=バティスト　13
コルマール　96, 104, 118
・〜歴史博物館　104
コンク　41
コンコルド　24
「混成」博物館　51
コンテ　70
コンテ科学技術博物館網　70
コンデ美術館　80, 97
コンテ民衆博物館　70
コンピエーニュ　20, 27, 34, 133
コンピエーニュ城　20, **27**

サ行

財団博物館　80, 82
ザッキン，オシプ　53
（ラ・）サブルタッシュ協会　46

サル，ジョルジュ　23，33
サルテーヌ博物館　78
サルム皇太子　47
サレール・ドード　144
サロルジュ博物館　61
サロン=ド=プロヴァンス　89
サン=ヴァアスト　41，132
サン=ヴァアスト大修道院　132
サン=ヴァンサン=シュル=ジャール　41
サン=カンタン=アン=イヴリーヌ　27
サン=カンタン=レ=ジヴリーヌ　107
産業エコミュゼ　106
産業セラミック博物館　76
サン=クルー　41
サン=ジェルマン（=アン=レー）20，21，22，**25**，78，103，105，134，151，154，157，159
サン=ジェルマン=ロクセロワ　24
サン=シェロン　105
サン=ジャン大聖堂宝物館　57
サン=ジャン=ド=リューズ　89
サン=ジャン礼拝堂宝石博物館　76
サンス　13，41
サン=ティレール，ジュフロワ　43
サン=ティレール=サン=フロラン　108
サン=テチエンヌ　75，100，106，134，142，145
• ～美術館　100，134，142
サント=クロワ・ド・ポワティエ博物館　72
サン=ドニ　67，74，98，133
サン=ドニ美術館　74
サン=トーバン，ガブリエル・ジャック・ド　116
サントル・ド・ドキュマンタシオン　124
サン=トロペ　46
サンバ，アギュット　100
サンバ，マルセル　100
サンピニー　105
サン=ポール=ド=ヴァンス　83
サン=マンデ　88
サン=リキエ　20
サン=レミ=ド=プロヴァンス　41
サン=レミ博物館　74
サン=レミ=レ=シュヴルーズ　84
サン・レモン博物館　60
サン=ロマン=アン=ギャル　103，144
• ～考古学博物館　103，144
ジェー，ルイーズ　52
ジェノヴァ　53，58
シェーフェル，アリー　53
シェレ，ジュール　58
歯科博物館　57
司書　127，131
ジスカール・デスタン，ヴァレリー　11，26
自然史地学博物館　69
自然史博物館
• 国立～　11，15，**43**，150，156
• ディジョン～　69，107
• トゥールーズ～　60
• ナント～　61，71
• ブザンソン～　71
• ペルピニャン～　107
• ボルドー～　66，75
• マルセイユ～　55，75，134
• ラ・ロシェル～　76，107
自然史・民俗誌・先史博物館　62
指定・登録博物館総合監査　146
指定博物館　**50**，63，72，73，75，93，166
シテ島　48
自動車博物館　76，86，87，108，118，145
シノン　99，106
シノン城［衣装博物館］　99
シミエ　58，59，143
シムネ，ロラン　31，70，138，142，143，144
シャイヨー宮　16，37，44，46，85
社会博物館　145，153

シャガール，マルク　4，21，30，58，137
ジャコフスキー，アナトール　59
写真博物館　155
シャゼル　99
ジャックマール，ネリー　81
ジャックマール=アンドレ［美術館］81
シャトーヌフ=ド=ランドン　105
シャトラン，ジャン　9
ジャニオ，アルフレッド　136
車輌・観光博物館（国立）20，28
シャルトロン地区　66
シャロン　73
シャロン=シュル=マルヌ　73
ジャン=ジャック・エンネル美術館　29
シャンティイ　**80**，97，155
ジャンヌ・ダルク　63，105
シャンパーニュ=アルデンヌ　73
シャンボール　41
シャンピュール，ジュヌヴィエーヴ・ティボー・ド　43
ジャン・ムーラン・センター（国立）67
ジャンロン，フィリップ・オーギュスト　38，50
ジュイ=アン=ジョザース　87，105
十九世紀美術館　11
宗教美術館（ディジョン）69
修復アトリエ　112，139
修復家　112，131
シュヴルルー樹木園　108
守衛　125，129，130，164
ジュ・ド・ポーム（美術館）30，39，155
シュヌヴィエール，フィリップ　50
ジュネーヴ　15，50
ジュフロワ・サン=ティレール　43
シュランプ，アンス　108
シュランプ，フリッツ　108
ジュール・ヴェルヌ博物館　62
ジュール・シェレ美術館　58
城郭博物館　26
商業博物館　88，154
小郡博物館　77
商工博物館　70
消防士博物館（ミュルーズ）76
消防士博物館（リヨン）56
職人組合（ギルド）博物館　61
植民地博物館　16，136
植民地博覧会　16，33，136
ジョコンド（Joconde）92，111
ジョゼフィーヌ　35
ジョッソ　134
ショップ　124
書店　37，124
書店員　131
ジョルジュ・ド・グレース　35
ジョルジュ・ポンピドゥー芸術文化センター（国立）30，138
ジョルジュ・ポンピドゥー芸術文化センター国立近代美術館　11，30，38，**40**，99，100，115，159
ジョルジュ・ラビ美術館　60，102
ジョレス，ジャン　105
シリアニ，アンリ　105，144
ジロー，シャルル　52
ジロデ，アンヌ=ルイ　38，95
新アテネ地区　29
新世界博物館　76
新美術館（ヴィユールバンヌ）100
人類芸術文明博物館　34
人類博物館　16，34，**44**，102，103，136，152，155
スチュアート王家　25
スーティン，シャイム　30
ステヴァン，マレ　39
ストラスブール　15，50，**63**，64，104，133，144
・～近代美術館　64
・～考古学博物館　63，103，144
・～装飾美術館　63

・〜動物学博物館　64
・〜美術館　15, 50, **63**, 133
・〜歴史博物館　64, 104, 106
スペイン　149
スムルニュム　58
スローン・コレクション　13
ゼー，ジャン　39
税関博物館（国立）47, 66, 126
製鉄エコミュゼ　107
聖母訪問会旧修道院　62
セーヴル　20, **36**, 37, 41, 99, 105
責任センター　21
セザンヌ，ポール　30
セーヌ=エ=マルヌ県　20, 78
セーヌ県　16
セーヌ=サン=ドニ県　44
セーヌ=マリティーム県　78
・（セーヌ=マリティーム県立）古代博物館　78
セラミック美術館
・アドリアン・デュブーシェ・リモージュ〜　21, **36**, 37, 73, 99
・国立（セーヴル）〜　20, **36**, 99
・ルアン〜　62
施療院博物館（リヨン）56
セルト，ホセー・ルイス　83
セルヌスキ，アンリ　52
セルヌスキ美術館　52
ゼールフュス，ベルナール　57, 138, 144
セレ　101, 143
繊維・ガラス・エコミュゼ　107
全国エコミュゼ・社会博物館連盟　153
先史博物館
・［カルヴェ財団］〜　82
・グラン・プレシニー〜　78
・サルテーヌ〜　78
・ソリュトレ〜　78
・ヌムール〜　78, 103, 144
・ブゴン〜　78, 103
・レ・ゼジー国立〜　20, **25**
戦勝記念博物館（国立）35
ソヴァジョ，ルイ=シャルル　134
装飾美術館
・ストラスブール〜　63
・［パリ］〜　85, 98, 140, 155
・ボルドー〜　66, 99
・リヨン〜　88, 99
装飾美術中央連合　**84**, 99, 141
ソショー　87
ソーヌ=エ=ロワール県　78
ソミュール　99
ソーリュ　96
ソリュトレ先史博物館　78
ソルジュ　108
ソンム県　78, 105

タ行

大戦史博物館　105
大戦歴史館　78
第二次世界大戦博物館　76
第二帝政博物館　27
代物弁済（ダシオン）31, 115, 116
ダヴィッド，ジャック・ルイ　38
ダヴィッド・ダンジェ，ピエール・ジャン　96
ダシオン　→代物弁済
ダッペル財団　84
タピスリー博物館（アンジェ）41
タルデュー，アンドレ　35
ダルベル，アラン　119
タレーラン，シャルル　105
丹下健三　59
地域圏学芸員協会　79
地域圏博物館資料収集地方基金　79
地球科学博物館　68
地方博物館　49, 50, 79, 166
地方博物館監査　50, 92
地方分権化　51

チュイルリー　23, 24, 30, 39, 96, 155
中央美術館　15
中世美術館（国立）19, **25**, 151
鋳造複製博物館　65
彫刻・戴冠美術館　74
ディエ，アルチュール=スタニスラス　134
ティエーポロ，ジョヴァンニ・バティスタ　65, 81
定期観衆調査所　120
ディジョン　15, 21, 24, 50, **68**, 73, 89, 94, 103, 107, 133, 142
・～考古学博物館　68
・～自然史博物館　69, 107
・～宗教美術館　69
・～美術館　15, 50, **68**, 94, 133, 142
ティツィアーノ，ヴェチェリオ　116
ディナ・ヴィエルニー財団　84
ディナン　108
デヴァレ，アンドレ　136
データベース　92, 111
鉄道博物館　108, 118
デヌリー，アドルフ・フィリップ　33
デヌリー美術館　33
（ラ）デファンス　39
デュアメル・デュ・モンソー，アンリ・ルイ　46
デュゲクラン，ベルラン　105
デュ・ソムラール，アレクサンドル 25
デュソリュクス，ジャン　15
デュッセルドルフ　13
デュテュイ，オーギュスト　52
デュテュイ・コレクション　52
デュバイル，オーギュスタン・エドモン　47
デュピュイ，ポール　60, 99
デュビュィッソン，ジャン　137
デュビュフ，ギヨーム　29
デュフィ，ラウル　59
デュフィ美術館　59
デュブーシェ，アドリアン　21, **36**, 37, 73
テラ・アマタ　58, 103
テラ・アマタ博物館　58
デルマ　134
電気エネルギー博物館エレクトロポリス　76, 86, 108
デンマーク　25, 149, 158
ドイツ　41, 54, 70, 83, 87, 93, 97
ドゥアルヌネ港町博物館　160
ドゥ=セーヴル県　78, 103
東南アジア　12
動物学博物館
・ストラスブール～　64
・ナンシー～　68
トゥールコワン　70
・～美術館　70
トゥールーズ　15, 50, **59**, 60, 83, 99, 101, 102, 132, 138
・～自然史博物館 60
登録博物館　**50**, 64, 146, 149
トゥーロン　46
時の博物館　70
ドキュメンタリスト　131, 167
ドキュメンテーション・センター　124
都市エコミュゼ　107
図書・読書局　42
トータヴェル　103
ドニ，モーリス　78
ドノン，ドミニク・ヴィヴァン　18, 96, 102
ドブレ，トマ　61, 78
土木事業博物館　16, **49**, 136, 157
トマ・ドブレ博物館　61, 78
ド・ミリモンド，アルベール・ポム 77
ドラクロワ，ウジェーヌ　19, **24**, 38
ドラン，アンドレ　30
トランプ博物館　155
トリアノン（宮殿）20, 27, 151
トリュフ博物館　108

ドルドーニュ県　25, 157
トレイ=リヨテ　105
トレギエ　41
ドレスデン　14
トレモワ，ピエール・イヴ　59
トロカデロ宮　31, 44, 136
ドンザン　108
ドンデル　136,
ドンレミ　106

ナ行

ナポリ　14
ナポレオン三世　16, 23, 25, 103, 104, 133
ナポレオン博物館（アジャクシオ）75
ナポレオン博物館（イル・デクス国立）21, 35
ナポレオン・ボナパルト　18, 21, **34**, 35, 75, 105
ナンシー　15, 50, **67**, 68, 94, 108, 140
・～動物学博物館　68
・～美術館 15, 50, **67**, 94, 140
・～民衆芸術・伝統博物館　67
ナンシー派美術館　68, 99
ナント　15, 50, **61**, 75, 78, 79, 93, 94, 97, 101, 107, 134, 135, 140, 142
・～自然史博物館　61, 79
・～美術館　15, 50, **61**, 93, 94, 97, 134, 135, 140, 142
ニエーヴル　77
二十世紀美術館　30, 40
ニース　21, 30, 46, **58**, 59, 75, 103, 137, 142, 143, 157
・～アジア美術館　59, 157
・～考古学博物館　58
・～MAMAC（近・現代美術館）59
ニッシム=ド=カモンド美術館　85
ニーム　101, 103, 143
・～現代美術館　143
人形・古玩具博物館　62
ヌムール　78, 103, 144
・～先史博物館　78, 103, 144
ネヴェール　99
ノートルダム=アン=ヴォー回廊博物館　73
ノートルダム史料博物館　63
ノートルダム=ド=パリ　41
ノール県　69, 70, 78, 94, 106, 107, 145, 155
ノール=パ=ド=カレ　79
ノルマンディー　62, 72, 118
ノルマンディー博物館　72

ハ行

バイヨンヌ　95, 97, 106
バヴェイ　41
伯爵夫人施療院博物館　69
博物館監査　50, 92, 94, 137
博物館局　→フランス博物館局
博物館収集地域圏基金　114
バザン，ジェルマン　91
パスカル　74
バスク博物館　106
バス=ノルマンディー　118
発見の殿堂　45, 136
パ=ド=カレ県　78, 79, 155
バニョル=シュル=セーズ　77
バヤール，イヴ　142
バヤール，ピエール・デュ・トレール　105
バランタン　97
パリ　3, 4, 13-16, 18, 19, 21, 24, 26, 29-31, 33, 41, 44, 45, 47-49, **51**-54, 56, 60, 66, 68, 81, 84, 87, 88, 96-100, 104-106, 108, 112, 114, 120, 127, 136, **138**, 139, 154, 157, 164

パーリ，ピエール・アドリアン　97
パリ警視庁博物館　48
パリ交通営団旧職員協会　88
パリ市立近代美術館　**52**，99
［パリ］装飾美術館 98，140，155
バルゴワン（美術・考古学）博物館 74，134
バルザック，オノレ・ド　53
バルトルディ，フレデリック・オーギュスト　96
パレ・ド・トーキョー　17，39，52，85，136
万国博覧会　16，44，45，48，52，100，136
バンベルク，ジョルジュ　60，**83**
バンベルク財団美術館　60，**83**
ピアシーニ，エミール　139
ピアノ，レンゾ　40，56，138
ビアリッツ　108
ビエーヴル　155
ピオ　21，31
ピオ・クレメンティーノ博物館　14
ピカソ，パブロ 30，31，116，138
ピカソ美術館（国立）19，**31**，121，159
ピカルディー　20，156
ピカルディー博物館　72，94，134
ビゴ，ジョゼフ　134
美術館
- アングレーム～　102
- エピナル～　78
- オルレアン～　72，97，106
- カン～　15，50，72，140
- カンペール～　134，140
- サン・テチエンヌ～　100，134，142
- ストラスブール～　15，50，63 133
- ディジョン～　15，50，68，94，133，142
- トゥールコワン～　70
- ナンシー～　15，50，**67**，94，140
- ナント～　15，50，61，93，94，97，134，135，140，142
- ボルドー～　15，50，66，97
- マルセイユ～　15，50，53，134，142
- ミュルーズ～　76
- ムーラン～　78
- ラ・ロシェル～　14，76
- リヨン～　15，50，**55**，94，97，140
- ルアン～　15，50，62，94，97，140，142
- レンヌ～　15，50，71，134，142

美術宮殿（リール）15，50，69，94，96，97，140
美術・考古学博物館（ブザンソン）70
美術評議会 114
非譲渡性（コレクションの）110，166
ビブラクト 103
ピュジェ，ジャン　54
ピュジェ，ピエール　54
ビュッフィ，ジャン=ピエール　25
ビュフォン，ジョルジュ・ルイ　43
非ヨーロッパ　102，152
ピレネー=オリアンタル県　101，103
ファーブル，フランソワ・ザヴィエ 64，97
ファーブル美術館　64，65，97，142
ファルシー，アンドリー　100
ファンシルベール，アドリアン　64，74，142，143
フィクサン 105
フィニステール県　78，103
フィリップ=オーギュスト 23
フェシュ，ジョゼフ　75
フェシュ博物館　75
フェリー，ジュール　45
フェルナン・レジェ美術館　21，**31**
フォカイア　55
フォスター，ノーマン　143
フォーブール・サン=トノレ　87

フォンテーヌブロー（宮殿、博物館） 13, 20, 21, **27**, 34, 48, 105, 133, 155, 159
フーケ，ジャン 81
フーゴー博物館（民衆芸術・伝統博物館）65
ブゴン（の墳墓）博物館 78, 103
ブザンソン 14, **70**, 71, 97, 137
• ～自然史博物館 71
• ～美術・考古学博物館 70
• ～レジスタンス・強制収容博物館 71
ブーシェ・ド・ペルト 103, 156
プジョー［博物館］ 87
ブーダン，ウジェーヌ 95
ブーダン美術館 33
仏教パンテオン・ギャラリー 33
プティ=クロンヌ 78
プティ・パレ美術館 52
フラゴナール，ジャン・オノレ 65
プラッシーノ財団 84
ブランジー 106
フランシスコ会博物館 59
フランス=アメリカ協力博物館（国立）20, **35**
フランス革命 14, 15, 26, 49, 78, 89, 95, 109, 132
フランス学士院 80, 90
フランス革命博物館 78
フランス記念建造物博物館 22, **37**, 41, 95, 132, 136, 155
「フランスの栄光」博物館 16
フランス博物館局 9, 18, 22, 29, 31, 33, 38, 40, 46, **50**, 51, 110, 114, 117, 120, 123, 125, 126, 128, 130, 149, 150, 159
フランス博物館美術評議会 114
フランス歴史博物館 34, 40
フランソワ一世 13
フランドル 70, 94
ブリエンヌ=ル=シャトー 105
ブリュイア，アルフレ 64
ブリュッセル 15, 50
プリュードン，ピエール・ポール 38
プリント地博物館 76, 86, 108, 118
フルヴィエール 57, 144
フルヴィエール博物館 57
ブルゴーニュ 21, 94, 156
ブルゴーニュ公 68, 94
ブルゴーニュ生活博物館 69
ブールジェ 47
プルースト，アントナン 84
ブルターニュ 71
ブルターニュ公城館博物館 61
ブルターニュ(民衆芸術・伝統)博物館 71
ブルデュー，ピエール 119
ブールデル，エミル・アントワーヌ 53, 96
ブルトン博物館 78
フルミ=トレロン 107
ブルム，レオン 105, 122
ブーレ，エティエンヌ・ルイ 132
フレクサ，ジョーム 143
ブレスト 46
フレデリック七世 25
フレーヌ 107
ブレランクール 20, 35
プロヴァンス 21, 58
プロヴァンス=アルプ=コート・ダジュール 21, 156
プログラム法律 53, **54**, 64, 137, 142
プロテスタント博物館 76
ブーローニュ=ビヤンクール 155
フロベール，ギュスタヴ 63
プロムナード・デ・ザングレ 59
ブロンニャール，アレクサンドル 36
文化財学芸員 127
文化財基金 114
文化財局 22, 26, 27, 37, **41**, 74, 159

文化省　4
文化省博物館局　→フランス博物館局
文化的計画　131, 147, 148, 149
文化メディアトゥール　125, **131**, 167
分散化（権限の）51
ベアルン子爵　28
ペイ，イオ・ミン　139
ペイ・ド・ラ・ロワール　118
ペイロニ，ドニ　25
平和記念博物館　72, 160
ベラール　134
ペラン，ジャン　45
ペラン・ド・ピュイクザン，モーリス　69
ベリー公爵　13
ベルヴェデーレ宮　14
ヘルクラネウム　14
ベルシー　23
ベルナドット，ジャン・バティスト　105
ペルピニャン　95, 107
・～自然史博物館　95, 107
ベルリエ［博物館］87
ペレ，オーギュスト　**49**, 135, 136
ペロンヌ　78, 105
ポー　20, 28, 105
帽子博物館　99
宝石博物館（サン=ジャン礼拝堂）76
ポー城　20, 28
保存助手　131
ボナ，レオン・ジョゼフ・フロランタン　95, 97
ボナパルト，ナポレオン　18, 21, **34**, 35, 75, 105
ボナパルト，リュシアン　35
ボナパルト家　21, 34, 35, 75
ボナパルト家博物館（国立）21, **35**, 75
ボナ美術館　97
ボブール　11, 40, 139
ボミアン，クシシトフ　13
ボミエ，エドゥワール　14
ボルディゲラのヴィラ　116
ポール・デュピュイ博物館　60, 99
ボルドー　15, 47, 50, **66**, 67, 75, 97, 99, 100, 126, 143, 144
・～現代美術館　66
・～自然史博物館　15, 47, 50, 66, 67, 75, 97, 99, 100, 103, 126, 143, 144
・～装飾美術館　66, 99
・～美術館　15, 50, **66**, 97
ボルドー第二大学民族誌博物館　67
ボルト・ドレ　16, 54, 68, 102, 136
ポール=ルイ　46
ポール=ロワイヤル領穀倉博物館（国立）20, 27
ボレリー美術館　99
幌付き四輪馬車博物館　27
ボワゾ，ジャン=バティスト　14
ボワソン，ジョルジュ　9, 13
ボワティエ　72, 137
ボワトゥー=シャラント　21
ボワ=プレオ城　20, 35
ボワンカレ，レモン　21, 105
ボン　41
ボンシャラ　105
ボンパドゥール公爵夫人　14
ボンピドゥー，ジョルジュ　30, 38, **40**, 99, 100, 114, 115, 138, 140, 159
ボンピドゥー・センター　**30**, 138
ボンピドゥー・センター国立近代美術館　11, 30, **38**, 40, 99, 100, 115, 159
ボンボン，フランソワ　96

マ行

マイエ，アルチュール　88
マインツ　15, 50
マーグ，エーメ　83, 84

マーグ財団［美術館］83, 84
マザラン　13
マジュレル，ジャン　70, 101
マジュレル，ジュヌヴィエーヴ　70, 101
マセナ，アンドレ　59
マセナ美術館　59
マティス，アンリ　30, 58, 78, 116
マティス美術館（カトー=カンブレジ）78
マティス美術館（ニース）58
マニャン，ジャンヌ　21, 24
マニャン，モーリス　21, 24
マニャン美術館　21, 24, 68
マネ，エドゥワール　39
マリー，アンドレ　97
マリー・ド・メディシス　13
マリニー，アベル・フランソワ　14
マルク・シャガール聖書の啓示美術館（国立）21, **30**, 58
マルケーズ　106
　•～野外博物館　145
マルセイユ　15, 50, **53**, 54, 55, 75, 99, 101-104, 134, 142
　•～近・現代美術館 MAMAC　54
　•～自然史博物館　15, 50, 53-55, 75, 99, 101, 103, 104, 134, 142
　•～美術館　15, 50, **53**-55, 134, 142
マルセイユ海運・経済博物館　55
マルセイユ歴史博物館　55, 104
マルタン男爵　76, 77
マルメゾン　20, 35, 105
マルメゾン城博物館（国立）20, 35
マルモッタン，ポール　81
マルモッタン美術館　81
マルロー，アンドレ　25, 34, 39, 43, 137
マレ地区　53, 138
マンハイム　13
ミケル，ルイ　137
ミストラル，フレデリック　106
ミッテラン，フランソワ　11, 23
ミディ=ピレネー　59
ミトロファノフ，W　58
港町博物館（ドゥアルヌネ）160
ミュゼオグラフィー　32, 132, 135, 137, 153
ミュルーズ　**76**, 108, 118, 145
　•～消防士博物館　76
　•～美術館　76, 118
　•～歴史博物館　76
ミュルーズ産業協会鉱物学博物館　76
ミリモンド，アルベール・ポム・ド　77
民衆芸術・伝統博物館
　•オーヴェルニュ～　106
　•国立～　19, **31**, 137, 151, 152, 154
　•ナンシー～　67
民衆芸術・伝統博物館収蔵庫（国立）20
民衆芸術・伝統博物館別館
　•フーゴー博物館～　65
　•（国立）（レ・ミレリ）～　21
民衆芸術博物館（ナント）61
民族学博物館　104, 110
民族誌学博物館　31, 44
民族誌博物館（ボルドー第二大学）67
ムイユロン=アン=パレ　35, 105, 106
ムーラン　78
　•～美術館　67, 78
ムーラン，ジャン　67, 78
メキシコ　61
メセナ　116, 160
メッス　103, 138
メディアシオン・キュルチュレル　125
メディアテーク　124, **143**
メディチ家　14
メリメ，プロスペル　41
モーガン，アン・トレイシー　36

目録（コレクションの）79, 91-93, 97, 98, 110, 111, 127, 128, 153
模型博物館　42, 76
モディリアニ，アメデオ　30
モード・テキスタイル美術館　85, 99, 140
モナコ　105
モネ，クロード　30, 81, 116
モネ，ミシェル　81
モーリス・ドニ美術館　78
モレ=シュル=ロワン　106
モロー，ギュスターヴ　19, 29
モン=ヴゥヴレー　144
モン=サン=ミシェル　89
文書館博物館　40
モンソー，アンリ=ルイ・デュアメル・デュ　46
モンタルジ　95
モントーバン　95
モンフェラン地区　74
モンペリエ　64, **65**, 97, 142
　・〜大学博物館　65, 97
　・〜薬学博物館　65
モンリュソン　99

ヤ行

野外博物館 106, 145
　キュザルー　145
　マルケーズ-　145
薬学博物館（モンペリエ）65
薬用植物園（王立）43
ヤーバッハ［エーベンハルト］コレクション 13, 97
郵政博物館　48, 61, 126
郵政博物館（ロワール地方）61
ユゴー，ヴィクトル　53, 78
要塞模型博物館　42
ヨーロッパ　12-15, 24, 25, 34, 52, 60, 63, 64, 93, 102, 103, 108, 119, 152, 158, 164

ラ行

ラ・ヴィレット公園　42
ラウ博士　54
ラクロット，ミシェル　94
「ラ・サブルタッシュ」協会　46
ラスカリ宮　58
ラ・セーヌ=シュル=メール　46
ラ・デファンス　39
ラトル・ド・タシニー，ジャン・ド　35, 105
ラトル・ド・タシニー元帥の生家　35, 105
ラバディエ，マリー　54
ラ・バンティネ（レンヌ地方エコミュゼ）71
ラビ，ジョルジュ　60
ラビ・アジア美術館　60, 102
ラファイユ，クレマン　14, 107
ラファイユ博物館　14, 107
ラファルグ，ジャック　137
ラ・フォン・ド・サン=チエンヌ　14
ラプラード，アルベール　33, 136
ラ・ブロス，ギー・ド　43
ラボルド，レオン　40
ラマルク，ジャン・バティスト　43
ラルー，ヴィクトール　28
ラ・ロシェル　14, **76**, 89, 107, 108
　・〜海洋学博物館　76, 108
　・〜自然史博物館　14, 76, 89, 107, 108
　・〜美術館　14, 76
ラング，ジャック　164
ラングドック　64, 65
ラングロワ，アンリ　85
ランケ博物館　75
ランシェール　108
ランス　41, 133
ランド県　145

リヴィエール，ジョルジュ・アンリ　**31**, 32, 106
リヴェ，ポール　31, 44
リヴォリ公爵　59
リオン　106
リオン，イヴ　36
リゴー，イアサント　95
リジュ　77
リシュリュー，アマン・エマニュエル　13
リボン博物館　145
リムーザン　21, 156
リモージュ　21, 36, 73
（リモージュ）アドリアン・デュブーシェ・セラミック美術館21, 36, 73
リュクサンブール（宮殿，美術館）　13, 14, 16, 22, **38**, 39, 132, 135
リュミエール，アントワーヌ　57
リュミエール家族史博物館　57
リヨテ，ルイ・ユベール　105
リヨン　15, 32, 50, **55**-57, 65, 88, 94, 98, 100, 101, 104, 105, 120, 138, 140, 144
• ～ガダーニュ歴史博物館　104
• ～現代美術館　56
• ～消防士博物館　56
• ～装飾美術館　88, 99
• ～美術館　15, 50, **55**, 94, 97, 140
リール　50, **69**, 70, 94, 96, 97, 99, 108, 120, 132, 134, 140
• ～美術宮殿　15, 50, 69, 94, 96, 97, 140
リルボンヌ　62
ル・アーヴル　137
ル・アーヴル・アンドレ・マルロー美術館　137
ルアン　15, 45, 50, **62**, 75, 78, 94, 97, 99, 106, 134, 140, 142
• ～セラミック美術館　62
• ～美術館　15, 50, 62, 94, 97, 140, 142
ルイ=フィリップ　16, 26, 34, 104
ルイ十五世　46
ルイ十三世　43
ルイ十四世　13, 42, 94
ルイ十八世　38
ルイ十六世　14, 47
ルーヴル（美術館）11-13, 15, 16, 18, 19, 21, 22, **23**, 24, 25, 29, 30, 33, 39, 40, 42, 44, 46, 80, 85, 92-98, 102, 116, 118, 121, 122, 126, 127, 129, 131-134, 140, 150-152, 155, 156, 159
ルエルグ博物館　78
ルオー，ジョルジュ　29
ル・クルソ
ルクレール，フィリップ　105
ルコック博物館　108
ル・コルビュジエ　39, 136
ル・セック・デ・トゥールネル，アンリ　62
ル・セック・デ・トゥールネル博物館　62
ルソー，アンリ　30
ルナン，エルネスト　41
ルノワール，アレクサンドル　26, 37, 95, 132
ルノワール，オーギュスト　30
ル・ブラン　108
ル・ブラン，シャルル　13
ルーベ　70, 155
ルーベ芸術・産業博物館　70
ルーベンス　13, 14, 94
ルルド　89
ルワルド　106
レイグ，ジョルジュ　21
歴史記念建造物監督官　127
歴史博物館
• コルマール～　104
• ストラスブール～　64, 104
• フランス～　34, 40
• マルセイユ～　55, 104

• ミュルーズ～　76
• リヨン（ガダーニュ）～　104
• ロレーヌ～　67, 68
レ・サーブル=ドロンヌ　101
レジェ, フェルナン　21, 31
レジスタンス・強制収容博物館（ブザンソン）71
レジスタンス・強制収容博物館（リヨン）56
レジストラー　131
レジャー・ヨット博物館　67
レジョン・ドヌール博物館　34, 47, 155
レストラン　28, 123, 135
レ・ゼジー国立先史博物館　20, 25
レ・ゼジー(・ド・タヤック) 20, 25, 103, 144, 157
レニエ, エドム　46
レーニン, ウラディミール　105
レーニン博物館　105
レネ倉庫　66, 100
レピヌ, ルイ　48
レ・ミレリ民衆芸術・伝統博物館別館　21
レンヌ　13, 15, 50, **71**, 97, 103, 134, 142
• ～美術館 15, 50, 71, 134, 142
レンヌ地方エコミュゼ＝ラ・バンティネ　71
レンブラント　94
ロアンヌ　99
ロ県　145
ロジャース, リチャード　40, 138
ロシュシュアール現代美術館　78
ロシュフォール　46
ロスチャイルド, エドモン・ド　97
ロダン, オーギュスト　20, 29, 96
ロダン美術館［ヴィラ・デ・ブリヤン］　20
ロダン美術館［パリ］　29, 96
ロッカンクール　108
ローヌ=アルプ　118
ローヌ県　57
• ～考古学博物館　57
ロビアン, クリストフ=ポール・ド　71, 97
ロボット博物館　76
ローマ　13, 24, 26, 28, 29, 55, 57, 58, 61, 62, 65, 81, 83, 102, 144
ローマ教皇 14
ローマ陸揚げ倉庫博物館　55
ロマン　99, 157
ロマン博物館　157
ロラン, ジャン=マリー　15, 110
ロレーヌ　67, 68
• ～歴史博物館　67, 68
ロワール=アトランティック県　78
ロワール地方郵政博物館　61
ロンシャン宮　**53**, 54, 55, 134, 142
ロンデル, オーギュスト　42

ワ行

ワシントン 139

参考文献

ガイド

Pierrre Cabanne, *Guide des musées de France*, Bordas, 1990.

Germaine Barnaud, Jean-Pierre Samoyault, *Répertoire des musées et collections publiques de France*, RMN, 1982.

Alain Morley, Guy le Vavasseur, *Guide SEAT des 6000 musées et collections de France*, Le Cherche-Midi, 1991.

Direction des musées de France, département des publics, *Guide des services culturels des musées de France*, 1993.

美術館・博物館とコレクションの歴史

Krzystof Pomian, *Collectionneurs, amateurs et curieux, Paris-Venise, XVI-XVIII siècle*, Gallimard, 1987.（クシシトフ・ポミアン『コレクション――趣味と好奇心の歴史人類学』（吉田城／吉田典子訳），平凡社，1992年.）

Edouard Pommier, *Naissance des musées de province,* Gallimard, 《Les lieux de mémoire》, 1986, t.2.

Roland Schaer, *L'invention des musées*, Gallimard-Réunion des musées nationaux, 《Découvertes》, 1993.

Dominique Poulot, *Musée, nation, patrimoine*, Gallimard, 1997.

美術館・博物館の管理運営と行政

Jean Chatelain, *Droit et administration des musées*, Ecole du Louvre, Documentation française, 1993.

José Frèches, *Les musées de France*, Documentation française, 1980.

Georges Salles, *Les musées de France*, revue de Paris, 1945.

美術館・博物館の観衆

Pierre Bourdieu et Alain Darbel, *L'amour de l'art. Les musées et leur public*, Editions de Minuit, 1966.（ピエール・ブルデュー／アラン・ダルベル『美術愛好――ヨーロッパの美術館と観衆』（山下雅之訳），木鐸社，1994年.）

Direction des musées de France, Evelyne Lehalle, Lucien Mironer, *Musées et visiteurs, une observation permanente des publics*, 1993.

Publics et musées, revue éditée par les Presses Universitaires de Lyon, n°1, mai 1992.

美術館・博物館の建築と設備

Louis Hautecœur, *Architecture et aménagement des musées*, RMN, 1993.

Musée, temple et forum, revue *Architecture intérieure.Crée*, n°246, janvier-février 1992.

雑誌

Revue du Louvre et des musées de France, éditée par la Réunion des musées nationaux sous la direction scientifique de l'Inspection générale des musées.
Musées et collections publiques de France depuis 1954 publiée par l'Association des conservateurs des collections publiques de France.

エッセイ

Jean Clair, *Paradoxe sur le conservateur*, L'Echoppe, 1988.
François Dagognet, *Le musée sans fin*, coll.《Milieu-Champ Vallon》, 1984.
Bernard Deloche, *Muséologie*, 《Contradiction et logique du musée》, 1989.
Jean-Louis Deotte, *Le musée. L'origine de l'esthétique*, 1993.
Séminaires de l'Ecole du Louvre, *Quels musées pour quelle fin aujourd'hui?*, La Documentation française, mars 1983.

コレクション《クセジュ》

Les musées de France, n°447.
Le monument public français, n°2900.
Les grandes dates de l'histoire de l'art, n°1433.
L'art contemporain, n°2671.
Les maisons d'écrivains, n°3216.
Histoire de l'art, n°2473.（グザヴィエ・バラル・イ・アルテ『美術史入門』（吉岡健二郎／上村博訳），白水社，1999年.）
Le marché de l'art, n°2630.

文献・情報源案内

本書で言及された内容について，翻訳に際して参照し，また、今後のフランスの美術館・博物館をよりよく理解するために参考となると思われる情報源をあげる．ただし，サロワ氏が本文で言及したもの（たとえばJean Chatelain, *Droit et administration des musées*などは頻繁に参照した），参考文献欄にあげられたもの，また，コレクションの美術史的解説等は割愛し，政策的な課題やさらなる調査に資する情報源について，最近の仏語文献や邦語文献をあげ，また，最新情報が得られるインターネットホームページや公開データベースなどのURLを記した．

広く文化の領域における法的問題については，Jean-Marie Pontier *et al.*, *Droit de la culture*（①）や Alain Riou, *Le droit de la culture et le droit à la culture*（②）もあり，主要博物館，関連機関などの根拠法律の条項をあげて解説している．末尾に掲げた文化省のホームページからは，新たな法律，「フランス博物館」に

関わる2002年1月4日の法律，についても，その趣旨や条文，関連の政令等を参照することができる．Gérard Monnier, *L'art et ses institutions en France de la Révolution à nos jours*（③）は，フランス革命以降の美術作品の流通から美術館の形成などの動きを辿った＜美術の社会史＞となっている．2001年に文化行政を全般的に扱った *Dictionnaire des politiques culturelles de la France depuis 1959*（④）が刊行され，1959年，アンドレ・マルローにより初めて文化省が創設されて以降のフランス文化政策が，平易なテキストのもとに概観でき，裨益するところが大きい．“Académisme”から“Zéniths”まで300余項目を各分野の第一人者が執筆．『フランスの美術館・博物館』関連では，“Musées”をサロワ氏が担当しているほか，“Acquisitions (politique des)”(収集政策)，“Dation”（代物弁済）などの一般項目から”，“Ecole du Louvre”，“Ecole nationale du patrimoine”（国立文化財学院），“Musée du quai Branly”（人類博物館とアフリカ・オセアニア芸術博物館を再編して新築される計画の非ヨーロッパ芸術・文明博物館），“Réunion des musées nationaux”（国立博物館連合）などの機関についても解説している．

美術館・博物館のディレクトリーは，原書の参考文献にあがっているが，他にも Tocqueville, *Guide des musées de France*（⑤）があり，博物館建築外観のカラー図版など有用である．電子ブックでは、Pierre Cabanne, *Guide des musées de France électronique*（⑥）が便利であった．こんにちではインターネットで効率よく多くの美術館•博物館情報にアクセスできる．文化省博物館局がデータベース Joconde との関連で調査したデータを公開する Muséofile では，1000館以上の情報が得られる．末尾の URL を参照されたい．なお，パリに関しては，*Musées de Paris*（⑦）が有用である．パリ市内のすべての美術館・博物館を網羅していると謳っており，コレクションや建物の概要，開館時間などの実用的情報のほか，区ごとの地図に所在が図示されているのが便利である．個々の美術館・博物館については多くの文献があるが，Geneviève Bresc, *Mémoires du Louvre*（⑧）や Yves Laissus, *Le Muséum national d'histoire naturelle*（⑨）など Découvertes Gallimard 叢書のものがコンパクトかつ視覚的に歴史や現状を紹介している．

統計数値については，*Chiffres clés: statistiques de la culture*（⑩）で概要を知ることができる．博物館局管轄下の国立美術館・博物館のほか「指定」「登録」博物館（2001年まで），ポンピドゥー・センターなどの観客数（推移），主要展覧会観客数，予算，主要作品貸出件数などの概要が把握できる．ただし，機関の種別により精粗がある．

美術館・博物館情報を得るには，美術専門図書館の利用が不可欠であろう．図書館を中心としたディレクトリーに *Les sources de l'histoire de l'art en France: répertoire des bibliothèques , centres de documentation et ressources documentaires en art, architecture et archéologie*（⑪）があり，広く文化省関連の情報センター，フォトテーク，逐次刊行物や叢書などについては，*Se documenter au Ministère de la culture et de la francophonie*（⑫）がある．2003年に出版された *Arts en bibliothèques*（⑬）は，主として図書館における美術資料の収集・整理・活用

の問題を扱っているが，各種美術館図書館のほか，散在する国立系美術図書館を集中再編した国立美術図書館を含む，国立美術史研究所計画にもページをさいている．フランスの美術館・博物館行政に関する文献は，文化省ドキュメンテーション・センターに集められており，雑誌記事を含む文献データベース Base de données bibliographique “Musées” を公開している（下記 URL を参照）．

邦語文献では，文化行政を扱ったものとしてイヴ・レオナール編『文化と社会——現代フランスの文化政策と文化経済』⑭があり，博物館行政の基盤や背景を理解するのに有用である．観光や文化全般を扱った紀行の類は多くあり，いわゆる旅行ガイドブックも貴重な情報源である．これらとは別に西野嘉章『博物館学——フランスの文化と戦略』⑮は，フランス博物館の諸問題，とりわけ制度的な側面を掘り下げて貴重である．近年のフランス博物館行政の展開に関し，サロワ氏の貢献についても言及している．モルトン『パリ植民地博覧会——オリエンタリズムの欲望と表象』⑯は，1931 年のパリ植民地博覧会に際して建設された植民地博物館（現在のアフリカ・オセアニア芸術博物館）などをめぐって，博覧会や博物館のもつコンセプト，コレクション，建築等々の文化的かつ政治的な意味について考察している．上にあげた，非ヨーロッパ芸術・文明博物館計画にまで尾を引いている課題である．

長谷川栄『新しい美術館学——エコ・ミューゼの実際』⑰『新しいソフト・ミュージアム——美術館運営の実際』⑱などの諸著作からは，フランスの美術館・博物館を熟知した著者の，わが国におけるミュゼオロジー確立への熱意が伝わってくる．この点では，岡部あおみ『ポンピドゥー・センター物語』⑲などに活写されている知見に立脚した，岡部等『ミュゼオロジー入門』⑳岡部監修『同　実践篇』㉑などは，フランスの事例をひきながら，美術史研究にひきずられない，美術館をターゲットとした教育のテキストである．

美術館・博物館における情報資料の問題は，わが国でもしばしば考察の対象となってきた．拙稿『ポンピドーセンター公共情報図書館—— B.P.I. におけるサービスと戦略』㉒は，主として図書館における画像資料やアニマシオン活動に焦点を当てているが，国立近代美術館を含むセンター自体の形成過程や，開館前からほぼ十年間の邦文文献をまとめている．同「美術研究支援情報資源の集中と分散——フランスにおける美術館・図書館・情報システムの特質をめぐって」㉓は，博物館局，ルーヴル美術館等における図書館やドキュメンテーション・センターの役割を分析した．『フランスの美術館・博物館』のなかでも，国立文化財学院のように，美術館・博物館と図書館，文書館の垣根を越えた専門職教育が紹介されているが，『報告書　シンポジウム：フランスにおける美術情報の普及と専門教育』㉔は，美術情報の観点から，専門職の教育や画像情報の流通の現状について現地に学んだ関係者が報告し，あるべき姿を模索している．岩崎久美子「フランスの生涯学習スタッフ養成制度——資格と職務」㉕は，アニマトゥール，司書，学芸員の比較を行なっており，2003 年に翻訳がでた『フランスの博物館と図書館』㉖は，その原書のタイトルが，＜博物館と図書館は真の血族か偽の友人か？＞であるように，これら両機関の類似性と異質性を論じて興味深い．

サロワ氏は，保存修復やコレクションの明細目録データベースの進展にも随所で言及している．フランス美術館修復研究センターの整備とそこでの情報処理技術の応用については，ラアニエ等「Narcisse：絵画研究のための高精細画像の利用」（㉗），ラアニエ「保存修復に利用される情報技術――欧州プロジェクトにおける研究開発の10年」（㉘）がある．データベース Joconde などの構築については，拙稿「博物館資料のデータベース化と活用」（㉙）でも紹介しているが，末尾に掲げたURLから実際にアクセスを試みられるとよい．

① Jean-Marie Pontier et al., *Droit de la culture*, 2e édition, Dalloz, 1996, 540p.（Précis Dalloz）

② Alain Riou, *Le droit de la culture et le droit à la culture*, 2e éd. , ESF, 1996, 263p.

③ Gérard Monnier, *L'art et ses institutions en France de la Révolution à nos jours*, Gallimard, 1995, 462p. (Folio)

④ *Dictionnaire des politiques culturelles de la France depuis 1959*, Sous la direction de Emmanuel de Waresquiel, Larousse; CNRS, 2001, XIV, 657p.

⑤ Aude de Tocqueville, *Guide des musées de France*, Minerva, 1997, 640p.

⑥ Pierre Cabanne, *Guide des musées de France électronique*. Bordas, 1995, Livre électronique, 1 CD-ROM（Single）.

⑦ *Musées de Paris*, Hachette, 1999, 383p.（Guides bleus）

⑧ Geneviève Bresc, *Mémoires du Louvre*, Gallimard, 1989, 210p.（Découvertes Gallimard）

⑨ Yves Laissus, *Le Muséum national d'histoire naturelle*, Gallimard, 1995, 144p.（Découvertes Gallimard）

⑩ Ministère de la culture et de la communication, Direction de l'administration générale, Département des études et de la prospective. *Chiffres clés: statistiques de la culture,* Documentation française.（年刊）

⑪Marie-Claude Thompson et al., *Les sources de l'histoire de l'art en France : répertoire des bibliothèques, centres de documentation et ressources documentaries en art, architecture et archéologie*, Association des bibliothécaires français（Diffusé par la Documentation française）,1994, 310p.

⑫ Ministère de la culture et de la francophonie, Mission de la recherche et de la technologie de la Direction de l'administration générale et Département de l'information et de la communication, *Se documenter au Ministère de la culture et de la francophonie*, Documentation française, 1994, 263p.

⑬ Nicole Picot（Dir.）, *Arts en bibliothèque*, Cercle de la librairie, 2003, 270p.

⑭イヴ・レオナール編『文化と社会――現代フランスの文化政策と文化経済』（植木浩監訳／八木雅子訳）, 芸団協出版部（丸善出版事業部発売），2001，288p.

⑮西野嘉章『博物館学――フランスの文化と戦略』，東京大学出版会，1995，203，iv p.

⑯パトリシア・モルトン『パリ植民地博覧会――オリエンタリズムの欲望と表象』，（長谷川章訳），ブリュッケ（星雲社発売），2002，273p.

⑰長谷川栄『新しい美術館学――エコ・ミューゼの実際』，三交社，1994，365p.
⑱長谷川栄『新しいソフト・ミュージアム――美術館運営の実際』，三交社，1997，300p.
⑲岡部あおみ『ポンピドゥー・センター物語』，紀伊國屋書店，1997，226p.
⑳岡部あおみ等『ミュゼオロジー入門』，武蔵野美術大学出版局，2002，195p.
㉑岡部あおみ監修，青木正弘等『ミュゼオロジー　実践篇――ミュージアムの世界へ』，武蔵野美術大学出版局，2003，195p.
㉒波多野宏之『ポンピドーセンター公共情報図書館―― B.P.I. におけるサービスと戦略』，1988（『東京都立中央図書館研究紀要』17（1986.3, p.1-117），18（1987. 3，p.1-64），19（1988. 3，p.1-92）の合冊），1 冊.
㉓波多野宏之「美術研究支援情報資源の集中と分散――フランスにおける美術館・図書館・情報システムの特質をめぐって　その 1」，『国立西洋美術館研究紀要』1，1997. 3，p.74-87.
㉔アート・ドキュメンテーション研究会編『報告書　シンポジウム：フランスにおける美術情報の普及と専門教育』（日本図書館協会委託販売），1998，81p.
〔内容：フランスにおける美術情報の普及と専門教育（波多野宏之），美術館コンセルヴァトゥールの養成と情報：エコール・デュ・ルーヴルを中心に（松岡智子），美術館・博物館行政官の情報理解と専門教育：国立文化財学院を中心に（水嶋英治），画像情報の蓄積と頒布：フランス国立美術館連合写真部を中心に（高橋晴子），フランス国立美術館連合の美術普及政策：CD-ROM を中心に（リチャード・ウィリアムス），パネルディスカッション〕
㉕岩崎久美子「フランスの生涯学習スタッフ養成制度――資格と職務」，『生涯学習スタッフの養成プログラムの実態に関する国際比較研究』（平成 10 年度科学研究費補助金（国際学術研究）研究成果報告書），国立教育研究所生涯学習研究部生涯学習開発・評価研究室，1999，p.7-29.
㉖ M・ブラン=モンマイユール等『フランスの博物館と図書館』，（松本栄寿／小浜清子訳），玉川大学出版部，2003，198p.
㉗ C・ラアニエ等「Narcisse：絵画研究のための高精細画像の利用」（波多野宏之 / 飯野修身訳），『情報管理』40（1），1997. 4，p.38-53.
㉘クリスチアン・ラアニエ「保存修復に利用される情報技術――欧州プロジェクトにおける研究開発の 10 年」，『デジタル技術とミュージアム』（波多野宏之／飯野修身訳），勉誠出版，2002，p.7-16.
㉙波多野宏之「博物館資料のデータベース化と活用」，『博物館情報論』，雄山閣出版，1999，p.40-69.

なお、翻訳に当たっては、主として下記の資料を典拠として利用した。

画家名等の表記，生没年など――『新潮世界美術辞典』，新潮社，1985，1647，149p. ; Jane Turner (Ed.) *Dictionary of art*, Grove（Distributed by Macmillan），1996, 34 vols.

法律用語——中村紘一等監訳『フランス法律用語辞典』第2版, 三省堂, 2002, XII, 371p.

地名その他——新倉俊一等編『事典　現代のフランス』増補版, 大修館, 1997, 750, iii, 258p.

インターネットURL

フランス文化省　http://www.culture.fr/
フランス博物館局博物館データベース　Muséofile
http://museofile.culture.fr/
国立ジョルジュ・ポンピドゥー芸術文化センター　http://www.cnac-gp.fr/
ルーヴル美術館　http://www.louvre.fr/
ルーヴル美術館（日本語サイト）　http://www.louvre.or.jp/
国立自然史博物館　http://www.mnhn.fr/
国立工芸院技術工芸博物館　http://www.arts-et-metiers.net/
フランス文化省関連データベース一覧　http://www.culture.gouv.fr/culture/bdd/
フランス博物館局美術作品データベース　Joconde
http://www.culture.fr/documentation/joconde/pres.htm
フランス博物館局ドキュメンテーション・センター
博物館関係文献目録　Base de données bibliographique “Musées”
http://www.culture.gouv.fr/public/mistral/dmfdoc_fr
エコール・デュ・ルーヴル　http://www.ecoledulouvre.fr/
国立文化財学院　http://www.inp.fr/
国立博物館連合　http://www.rmn.fr/

国内の図書館・情報センター

翻訳に際して、下記の機関のお世話になった。記してお礼申し上げたい。

国立西洋美術館研究資料センター（利用対象は、大学院生以上の研究者、美術館職員等に限定. 要予約）　http://www.nmwa.go.jp/
東京都立中央図書館　http://www.library.metro.tokyo.jp/
日仏会館図書室　http://www.mfj.gr.jp/
メゾン・デ・ミュゼ・ド・フランス内ミュゼ・ド・フランス・インフォメーションセンター（フランス国立博物館連合刊行の最近10年間の展覧会カタログ, CD-ROMなどを閲覧できる）　http://www.museesdefrance.org/

訳者略歴

波多野宏之
一九四五年生
東京外国語大学フランス語学科卒
一九八四－八五年、フランス政府給費留学（ポンピドゥー・センター公共情報図書館）
東京都立中央図書館等を経て、一九九二－二〇〇三年、国立西洋美術館主任研究官
二〇〇四年より駿河台大学文化情報学部教授
主要著書
『画像ドキュメンテーションの世界』（勁草書房）
『博物館情報論』（共著、雄山閣出版）
『デジタル技術とミュージアム』（編著、勉誠出版）

永尾信之
一九三五年生
日本大学大学院博士後期課程満期退学（英文学）
一九六七－六八年、フランス政府給費留学（フランス国立文書館）
一九六四－九五年、東京都立日比谷図書館・中央図書館司書
主要訳書
ジャン・ファヴィエ『文書館』（白水社）

フランスの美術館・博物館

二〇〇三年一〇月一〇日第一刷発行
二〇〇五年　四　月二〇日第二刷発行

訳　者 © 波《は》多《た》野《の》宏《ひろ》之《ゆき》
　　　　永《なが》尾《お》信《のぶ》之《ゆき》
発行者　川村雅之
印刷所　株式会社平河工業社
発行所　株式会社白水社

東京都千代田区神田小川町三の二四
電話　営業部〇三（三二九一）七八一一
　　　編集部〇三（三二九一）七八二一
振替　〇〇一九〇－五－三三二二八
　　　郵便番号一〇一－〇〇五二
http://www.hakusuisha.co.jp
乱丁・落丁本は、送料小社負担にてお取り替えいたします。

製本：加瀬製本

ISBN4-560-05867-9

Printed in Japan

文庫クセジュ

語学・文学

28 英文学史
185 スペイン文学史
223 フランスのことわざ
258 文体論
266 音声学
407 ラテン文学史
453 象徴主義
466 英語史
489 フランス詩法
498 俗ラテン語
514 記号学
526 言語学
534 フランス語史
538 英文法
579 ラテンアメリカ文学史
598 英語の語彙
618 英語の語源
646 ラブレーとルネサンス
690 文字とコミュニケーション
706 フランス・ロマン主義
711 中世フランス文学
712 意味論
714 十六世紀フランス文学
716 フランス革命の文学
721 ロマン・ノワール
729 モンテーニュとエセー
730 ボードレール
741 幻想文学
753 文体の科学
774 インドの文学
775 ロシア・フォルマリズム
776 超民族語
777 文学史再考
784 イディッシュ語
788 語源学
800 ダンテ
817 ゾラと自然主義
822 英語語源学
829 言語政策とは何か
832 クレオール語
833 レトリック
838 ホメロス
839 比較文学
840 語の選択
843 ラテン語の歴史
846 社会言語学
855 フランス文学の歴史
868 ギリシア文法
873 物語論

文庫クセジュ

歴史・地理・民族（俗）学

18 フランス革命
62 ルネサンス
116 英国史
133 十字軍
160 ラテン・アメリカ史
191 ルイ十四世
202 世界の農業地理
245 ロベスピエール
297 アフリカの民族と文化
309 パリ・コミューン
338 ロシア革命
351 ヨーロッパ文明史
353 騎士道
382 海賊
412 アメリカの黒人
418〜421 年表世界史
428 宗教戦争
446 東南アジアの地理
454 ローマ共和制
458 ジャンヌ・ダルク
484 宗教改革
491 アステカ文明
506 ヒトラーとナチズム
528 ジプシー
530 森林の歴史
536 アッチラとフン族
541 アメリカ合衆国の地理
557 ジンギスカン
566 ムッソリーニとファシズム
567 蛮族の侵入
568 ブラジル
574 カール五世
586 トルコ史
590 中世ヨーロッパの生活
597 ヒマラヤ
602 末期ローマ帝国
604 テンプル騎士団
610 インカ文明
615 ファシズム
629 ポルトガル史
636 メジチ家の世紀
648 マヤ文明
660 朝鮮史
664 新しい地理学
665 イスパノアメリカの征服
669 新朝鮮事情
675 フィレンツェ史
684 ガリカニスム
689 言語の地理学
705 対独協力の歴史
709 ドレーフュス事件
713 古代エジプト
719 フランスの民族学
724 バルト三国
731 スペイン史
732 フランス革命史
735 バスク人
743 スペイン内戦
747 ルーマニア史

文庫クセジュ

752 オランダ史
755 朝鮮半島を見る基礎知識
757 ラングドックの歴史
758 キケロ
760 ヨーロッパの民族学
766 ジャンヌ・ダルクの実像
767 ローマの古代都市
769 中国の外交
781 カルタゴ
782 カンボジア
790 ベルギー史
791 アイルランド
806 中世フランスの騎士
810 闘牛への招待
812 ポエニ戦争
813 ヴェルサイユの歴史
814 ハンガリー
815 メキシコ史
816 コルシカ島
819 戦時下のアルザス・ロレーヌ

823 レコンキスタの歴史
825 ヴェネツィア史
826 東南アジア史
827 スロヴェニア
828 クロアチア
831 クローヴィス
834 プランタジネット家の人びと
842 コモロ諸島
853 パリの歴史
856 インディヘニスモ
857 アルジェリア近現代史
858 ガンジーの実像
859 アレクサンドロス大王
861 多文化主義とは何か
864 百年戦争
865 ヴァイマル共和国
870 ビザンツ帝国史
871 ナポレオンの生涯
872 アウグストゥスの世紀
876 悪魔の文化史

877 中欧論
879 ジョージ王朝時代のイギリス
882 聖王ルイの世紀
883 皇帝ユスティニアヌス